人工智能赋能图书馆信息素养教育的路径与实践

张东靖◎著

长江出版传媒 | 长江文艺出版社

图书在版编目（CIP）数据

人工智能赋能图书馆信息素养教育的路径与实践 / 张东靖著. -- 武汉 : 长江文艺出版社, 2025. 8.
ISBN 978-7-5702-4096-8

Ⅰ. G258.6-39

中国国家版本馆 CIP 数据核字第 2025EA7324 号

人工智能赋能图书馆信息素养教育的路径与实践
RENGONG ZHINENG FUNENG TUSHUGUAN XINXI SUYANG JIAOYU DE LUJING YU SHIJIAN

责任编辑：王　虎　王乃竹　　　　责任校对：程华清
封面设计：胡冰倩　　　　责任印制：邱　莉　胡丽平

出版：长江出版传媒 | 长江文艺出版社
地址：武汉市雄楚大街 268 号　　　　邮编：430070
发行：长江文艺出版社
http://www.cjlap.com
印刷：武汉市籍缘印刷厂

开本：720 毫米×1000 毫米　1/16　　　　印张：12
版次：2025 年 8 月第 1 版　　　　2025 年 8 月第 1 次印刷
字数：165 千字

定价：48.00 元

前 言

在人类社会迈入信息化与智能化的新时代，人工智能技术正深刻改变着各行各业的发展轨迹。图书馆作为知识存储与传播的核心机构，也在这场技术变革中扮演着重要角色。人工智能的快速发展为图书馆的信息服务和教育功能提供了全新的技术手段，而信息素养教育作为培养用户信息意识和能力的重要途径，也迎来了前所未有的创新契机。在这一背景下，本书应运而生。本书旨在系统梳理人工智能技术与信息素养教育的结合路径，探索智慧图书馆在新技术环境下的教育角色和实践方法，为未来教育与技术的深度融合提供理论支持和实践参考。

本书的创作灵感源于对当代教育与技术发展趋势的深入思考。在大数据、云计算和人工智能快速发展的今天，知识生产和传播的方式正在发生根本性变化。传统的教育方法在面对海量信息和多样化需求时，逐渐显现出效率和适用性的不足。图书馆作为知识枢纽，需要重新审视自身的角色与功能，积极拥抱技术创新，将信息素养教育作为服务转型的重要方向。基于作者团队在信息管理、教育技术和图书馆学领域多年的研究积累，本书希望为信息素养教育的创新与实践提供全面、深入的指导，同时为读者呈现人工智能赋能教育的最新进展与未来潜力。

全书内容分为九章，循序渐进地展开论述。第一章从理论角度切入，探讨了人工智能与图书馆信息素养教育的基本理论框架。通过阐述人工智能的核心特性及其在教育领域的应用潜力，为全书奠定了理论基础。第二章重点分析了人工智能技术在信息素养教育中的具体应用场景，涵盖了智能搜索技术、课程支持以及智能评价体系等多个方面，为读者展示了技术与教育结合的多样化实践。第三章深入探讨了图书馆信息素养教育模式的智能化转型，揭示了智能技术如何改变传统教育模式，并为图书馆教育功能的重新定位提供了方向。第四章着眼于智慧图书馆服务的创新实践，从技术架构到服务模式，全面梳理了智慧图书馆在信息素养教育中的应用方法与成功案例。第五章围绕教育资源的智能化建设，系统分析了数据挖掘、知识图谱构建以及资源共享优化等关键技术，展示了技术如何赋能教育资源的动态整合与精准服务。第六章则以教育评估与监测为主题，提出了基于人工智能的数据驱动型评估模型，为信息素养教育的效果提升提供了科学依据。第七章聚焦伦理与隐私问题，通过对人工智能技术应用于教育领域的潜在风险和解决方案的探讨，为构建负责任的教育生态系统提供了宝贵的启示。第八章从全球视野出发，通过对国内外实践案例的比较分析，探讨了国际经验对我国信息素养教育的借鉴意义，并总结了可行的优化策略。第九章展望未来，描绘了人工智能赋能信息素养教育的宏伟蓝图，提出了智能教育生态系统的构建思路，强调了技术、政策与社会协同创新的重要性。这一章是全书的点睛之笔，能够激发读者对未来教育发展的无限遐想。

本书的创作不仅是学术上的探索，更是一种社会责任的体现。在人工智能快速发展的时代，信息素养教育不再是单一学科的专属议题，而是全社会共同关注的主题。希望通过本书的探讨与分享，能够为教育工作者、图书馆领域的从业者以及技术开发者提供启发，为推动教育公平、知识普惠和技术伦理的完善贡献一份力量。

我在完成书稿的过程中，得到了众多机构和个人的支持与帮助。我衷心感谢教育领域的专家学者，你们的专业意见为本书的理论框架和内容结构提供了重要指导；感谢实践单位提供的宝贵案例与数据，使本书的内容更具实践性与可操作性。同时，我也感谢每一位参与本书创作的团队成员，是你们的智慧与努力成就了这部作品。最后，感谢我的家人和朋友，你们的鼓励与支持给予了我坚持完成本书的动力。

希望本书能够为关注人工智能与信息素养教育的读者提供新的视角和有益的启示，也希望它能够激励更多人参与到这场教育与技术的深度融合中，共同为未来知识社会的构建贡献力量。

目　　录

第一章 人工智能与图书馆信息素养教育的基本理论

第一节 人工智能的基础理论与技术框架

一、人工智能的核心概念与应用范围

（一）人工智能的核心概念

人工智能（Artificial Intelligence，AI）是计算机科学中备受关注的研究领域，其主要目标是通过构建复杂的计算机系统，实现对人类智能行为的模拟。作为一门跨学科领域，人工智能不仅依赖于计算机科学的基础理论，还融合了数学、逻辑学、神经科学、认知科学和工程学等多学科知识。该领域的核心任务在于开发能够通过算法和数据学习执行复杂任务的机器，使之具备类似人类的感知、推理、学习、规划和自然语言处理等能力。这些智能行为的实现，标志着人工智能技术在复杂场景中的实际应用能力正在不断提升。

人工智能的概念最早可以追溯到20世纪50年代，这一领域的起步得益于著名数学家艾伦·图灵提出的理论。图灵在其研究中提出了“图灵测试”，

这是一种判断机器能否表现出类似人类的智能的测试方法。图灵的理论激发了学术界对机器智能的思考，也推动了对人工智能的最初探索。从此，人工智能逐步发展出一系列子领域，包括但不限于机器学习、深度学习、专家系统、自然语言处理、计算机视觉和机器人学等。这些子领域的研究方向虽然各不相同，但均围绕一个核心主题，即如何通过数据驱动和算法优化实现计算机系统的智能化。

人工智能技术的发展历程可以分为若干阶段。从 20 世纪中期开始的理论探索期，科学家们试图用规则和逻辑模型模拟人类思维。这一阶段的研究成果为人工智能奠定了初步的理论基础。然而，由于计算能力和数据量的限制，早期的人工智能技术发展受到一定约束，许多研究仅停留在实验阶段。随着计算机硬件性能的提升，人工智能研究逐渐进入快速发展期。尤其是在 20 世纪 80 年代出现的专家系统，标志着人工智能技术的一次重要进步。这种基于规则的系统能够模仿人类专家的决策过程，在医学诊断和工程设计等领域得到了初步应用。

进入 21 世纪后，人工智能技术迎来了爆发式增长。这种增长得益于三大关键因素：计算能力的显著提升、大数据的广泛应用以及算法的持续改进。特别是深度学习技术的兴起，为人工智能的发展注入了新的动力。深度学习通过构建多层神经网络，能够高效处理大规模数据，显著提升了计算机在语音识别、图像处理和自然语言理解等领域的性能。例如，基于深度学习的卷积神经网络（Convolutional Neural Networks，CNNs）在图像识别中的应用，已经超越了传统方法的表现，成为计算机视觉领域的核心技术。同样，递归神经网络（Recursive Neural Networks，RNNs）在自然语言处理中的广泛使用，使机器能够生成和理解更加自然的文本，为智能助手、翻译系统和聊天机器人等应用奠定了技术基础。

（二）人工智能的应用范围

人工智能技术的发展和成熟，正在深刻改变人类社会的运行模式，并在多个领域展现出巨大的应用价值。作为一种跨领域的先进技术，人工智能以强大的数据处理能力、复杂环境中的高效决策能力以及深度学习的独特优势，为各行各业注入了全新的活力。

在医疗领域，人工智能正以突破性的方式改变传统医疗模式。人工智能技术通过深度学习算法对医学影像进行精确分析，大幅提高了疾病诊断的效率和准确性。例如，人工智能系统能够快速处理大量复杂的医学影像，识别微小且易被忽视的病变，为医生提供辅助诊断意见。这一能力在癌症早期筛查中的作用尤为突出，人工智能可以通过对病患的医学影像对比分析，识别潜在风险点，为早期干预争取宝贵时间。此外，人工智能还在个性化治疗中发挥着重要作用。通过对患者基因组数据和病史的分析，人工智能可以为每位患者制定个性化的治疗方案，提高治疗效果。远程医疗中使用的智能诊断助手也使得优质医疗资源能够覆盖更广泛的地区，为解决医疗资源分配不均问题提供了新的思路。

在教育领域，人工智能的应用正在重塑传统教学模式，为学习者和教育者带来全新的体验。人工智能技术不仅能够提升教学效率，还能实现真正的个性化学习。通过对学生学习行为数据的分析，人工智能系统能够精准评估每位学生的知识掌握情况，识别其薄弱环节，并动态调整学习资源的推荐。例如，智能学习平台会根据学生的学习速度、兴趣点和理解能力，生成个性化的学习路径，从而帮助学生更加高效地实现学习目标。与此同时，智能教学助手正在为教师减轻重复性工作带来的负担，例如作业批改和考试评分等工作。自动评分系统通过自然语言处理和模式识别技术，能够高效、准确地完成大规模考试的评估任务。这使得教师可以将更多时间投入教学设计和课堂创新中，从而提升教学质量。在在线教育领域，人工智能的广泛应用使得学习过程中的互动更多，并且学习者无论身处何地都能享受高效、定制化的学习服务。

金融行业作为信息密集型领域，也因人工智能技术的引入而发生了深刻变革。人工智能在风险管理、市场预测和客户服务中展现了显著的优势。在风险管理方面，人工智能系统能够实时监控金融市场的波动，快速识别潜在的投资风险，帮助机构做出更精准的决策。特别是在复杂的市场环境中，人工智能算法通过对金融市场历史数据的深度分析，可以预测市场趋势，为投资策略的制定提供科学依据。在客户服务方面，智能客服系统基于自然语言处理技术，可以快速响应用户的需求，提供个性化的服务。这种全天候、高效率的服务模式显著提升了客户体验，同时也降低了企业的运营成本。此外，人工智能在反欺诈方面的应用也值得关注。通过应用机器学习模型，人工智能能够迅速检测交易中的异常行为，从而有效预防金融欺诈，保障用户资产安全。

工业制造领域因人工智能的应用迎来了智能制造的新时代。由人工智能技术赋能的工业机器人和智能监控系统使生产更加高效和精准。在现代化工厂中，机器学习模型被广泛用于预测设备的维护需求。通过分析设备的运行数据，人工智能可以提前识别潜在的故障风险，帮助企业制订合理的维护计划。这不仅降低了设备停机的可能性，还优化了资源配置，提升了生产效率。此外，人工智能还在质量控制方面发挥着重要作用。通过计算机视觉技术，人工智能能够实时监测产品的生产过程，识别瑕疵产品，确保产品质量稳定。在供应链管理中，人工智能系统通过对市场需求的预测和物流数据的分析，为企业优化库存管理、缩短生产周期提供了精准支持。

交通运输领域因人工智能技术的突破性进展，展现出全新的发展潜力。自动驾驶技术是人工智能应用在这一领域的典型成果。通过融合计算机视觉、传感器数据处理和实时决策算法，装配自动驾驶技术的汽车能够在复杂的动态环境中自主完成导航和驾驶。这一技术发展成熟后，能极大地提升交通效率，减少人为驾驶导致的事故风险。例如，自动驾驶系统通过实时分析道路状况和周边车辆行为，可以快速做出最优驾驶决策，避免潜在碰撞风险。在交通运输领域，人工智能还可以运用于智慧交通管理，通过对交通流量的预测和实时调控，有效缓解城市交通拥堵问题。此外，人工智能技术在物流运输中的应用也不断增多，如智能分拣系统和自动化仓储设备的应用，使物流配送过程更加高效和精准。

人工智能不仅是技术范畴的突破，更是人类社会发展的重要推动力。随着人工智能技术与各行业的深入融合，其应用范围将不断拓展，为社会发展和经济发展带来更多积极的变化。同时，人工智能的发展也对教育提出了新的需求。图书馆信息素养教育正是其中一个关键环节，能够为培养有效利用人工智能的高素质人才奠定基础。

二、人工智能技术的关键特性与发展趋势

（一）人工智能的关键特性

人工智能技术的核心特性为其在复杂环境中的应用奠定了坚实基础，展现出其无与伦比的优势。智能化能力是人工智能技术的关键，它体现在系统能够通过深度学习和神经网络算法，从海量数据中发现深层规律，并以此实现自主推理和高效决策。与传统的基于规则的系统不同，人工智能能够根据输入的数据自发调整策略，从而应对复杂性和多样性极高的任务。通过这一特性，人工智能在多个领域展现了优越的性能。例如，人工智能在图像识别、语音处理和自然语言理解等复杂技术场景的成功运用，均得益于其强大的智能化能力。特别是在自然语言处理方面，深度学习技术的引入使得人工智能可以更自然地与人类进行语言交互，解决了传统算法在进行语义理解和上下文关联中遇到的难题。

人工智能的高度自适应性也是其技术体系的重要特点。这种自适应能力使得人工智能系统能够动态应对环境的变化，通过不断优化模型参数来提升性能。人工智能系统不仅能够分析非结构化数据，还能根据实时变化更新模

型，确保其在多场景下能高效运行。无论是推荐系统为用户提供个性化的内容，还是自动驾驶技术在实时路况中做出导航决策，都是动态适应性在发挥关键作用。例如，自动驾驶汽车利用自适应算法处理交通信号、车辆距离和行人行为等多维度信息，可以在瞬息万变的道路环境中实现安全驾驶。在个性化推荐领域，人工智能能够根据用户的历史行为和实时反馈，不断调整推荐内容，做到精准推荐，从而提高用户的满意度。

数据驱动是人工智能技术发展的基础理念，其核心在于对大规模数据的高效整合与分析。随着数据量的指数级增长，人工智能技术已经能够利用先进的算法挖掘出数据中隐藏的复杂模式，为决策提供可靠依据。这种能力在医疗、金融和教育等多个领域体现出显著价值。在医疗领域，人工智能通过分析患者的基因数据、病史记录和医疗影像，能够生成精准的诊断结果，并提出个性化的治疗方案。在金融领域，人工智能利用历史市场数据和实时动态，可识别潜在的投资风险或机会，为投资者提供科学的决策支持。在教育领域，人工智能通过分析学生的学习行为和知识掌握情况，能够设计个性化学习路径，帮助学生更高效地完成学习目标。这些数据驱动的应用模式不仅提高了行业效率，还在很大程度上重新定义了相关领域的运作方式。

人工智能的智能化能力和自适应性，还进一步推动了其在复杂环境中的广泛应用。以深度学习为代表的技术革新，为人工智能的算法提供了强大的支持，使其在处理非结构化数据时表现出优越的性能。例如，计算机视觉技术的应用使人工智能能够快速识别和处理图像数据，这在安全监控、医疗影像分析和自动驾驶领域都有着重要作用。与此同时，强化学习技术的广泛应用为人工智能提供了更灵活的学习机制，使其能够通过持续的试验和反馈，不断优化策略，提升效率。特别是在复杂决策环境中，如在智能游戏和机器人控制领域，强化学习技术使人工智能能够实现前所未有的性能突破。人工智能技术高效的数据处理能力和自适应特性，还推动了其应用范围的不断拓展。在商业领域，人工智能被用于优化供应链管理，通过预测需求波动和市场趋势，帮助企业制订科学的生产和库存计划。在公共服务领域，智能交通系统利用人工智能技术优化交通信号配置和交通流量监控，能有效缓解城市拥堵，提高交通效率。智能家居设备也充分利用人工智能技术，根据用户行为习惯自动调节设备参数，如温度、亮度，为用户提供更舒适便捷的生活体验。

随着技术的不断发展，人工智能正在成为推动社会变革的重要力量。其核心特性不仅体现在当前的技术成果上，也为未来的创新提供了广阔空间。例如，随着边缘计算和分布式学习技术的兴起，人工智能系统能够在分散的终端设备上处理数据，减少对中心服务器的依赖，同时提升对数据隐私的保护能力。这些技术使得人工智能在对实时性要求较高的领域，如自动驾驶和智慧城市建设中，展现出更大的潜力。此外，可解释人工智能技术的进步正在解决传统黑箱模型的透明性问题，通过清晰展示算法决策逻辑，增强了用户对人工智能系统的信任。

人工智能的智能化、自适应性和数据驱动特性不仅为其技术体系奠定了坚实的基础，也为其在多个领域的成功应用提供了保障。人工智能以其高效性和灵活性，在医疗、金融、教育、交通等领域成功应用，为社会发展注入了新的动力。随着技术的进一步完善，人工智能将在更多领域展现出更大的潜力，成为塑造未来社会的重要力量。

（二）人工智能技术的发展趋势

人工智能技术的发展正呈现出多元化和深度化的趋势，其技术的不断突破以及这些技术的广泛应用正在重塑各个领域的运行模式。近年来，深度学习技术作为推动人工智能发展的核心动力之一，为人工智能系统在不同场景中的表现带来了革命性提升。通过多层神经网络的构建，人工智能实现了从规则驱动到数据驱动的转变，大幅提高了算法的自学习能力和应用效率。例如，Transformer 架构的出现显著改进了自然语言处理技术，使得人工智能在语言理解和生成方面取得了飞跃式进步。如基于 Transformer 的模型的 GPT 系列，能够流畅生成自然语言文本，并在翻译、问答和对话生成等任务中表现出卓越性能。这一技术进步不仅提升了语音助手的交互体验，也使得机器翻译系统和智能问答平台提供的服务更加贴近用户需求。

边缘计算是人工智能技术发展的另一重要趋势。传统的云计算架构虽然能够处理海量数据，但在数据传输过程中存在延迟问题，难以满足对实时性要求较高的应用场景。边缘计算通过将计算任务转移到数据生成端，显著缩短了数据处理的时间延迟，同时降低了对网络带宽的依赖。这一特性使边缘计算在自动驾驶和智慧城市等领域展现出巨大潜力。车辆的自动驾驶系统需要实时分析路况、识别障碍物并做出决策，而边缘计算能够在本地快速完成这些任务，确保驾驶的安全性和效率。在智慧城市建设中，边缘计算通过优化交通信号灯的调控、实时监测城市环境数据，提升了城市运行的智能化水平。与此同时，边缘计算还通过数据本地化处理，减少了对中心服务器的依赖，提高了系统的隐私保护能力。

分布式学习技术进一步拓展了人工智能的适应性和可扩展性，成为当前研究的热点方向之一。分布式学习允许多个设备或节点在不共享数据的情况下协同训练模型，从而有效解决了数据隐私问题。这种方法尤其适用于医疗、金融等对数据敏感性要求较高的领域。例如，在医疗诊断中，不同医院可以通过分布式学习共享模型训练成果，而无须直接交换患者数据，从而在保护隐私的同时提升诊断模型的准确性。此外，分布式学习还能够提高算法的计算效率，通过多节点并行处理，加速了大规模数据的分析与模型优化，为人工智能在复杂环境中的应用提供了有力支持。可解释人工智能技术也成为不可忽视的研究方向。传统的黑箱模型因其决策过程不透明而受到广泛质疑，尤其在医疗、司法和金融等需要高决策透明度的领域，这类模型的应用更容易引发伦理和信任问题。可解释人工智能试图通过揭示算法的决策依据和逻辑，为用户提供更透明的结果输出。这一技术的发展不仅增强了系统的可信度，也为用户与人工智能系统之间的互动建立了更深层次的信任。例如，在医疗领域，医生需要明确理解人工智能诊断的依据，以便将其与临床经验相结合，制定更精准的治疗方案；在金融领域，可解释人工智能帮助投资者分析风险模型的构建逻辑，使投资者能够更清晰地评估决策的可靠性。这些应用场景充分展现了可解释人工智能的重要性，为未来进一步优化和推广人工智能技术奠定了基础。

在当前的发展趋势中，人工智能技术还逐渐向跨学科融合的方向迈进，与其他前沿技术的结合为人工智能技术提供了新的发展动力。例如，与量子计算的结合被视为人工智能技术突破的一个重要方向。量子计算以其超高的计算能力和并行处理能力，为解决当前深度学习技术中遇到的计算瓶颈提供了可能。通过量子算法优化模型训练和数据处理，人工智能有望在复杂问题求解中实现更大的性能提升。与此同时，人工智能与生物技术、脑科学等领域的交叉研究也在推动人工智能技术向类人智能的方向发展。例如，人工智能的算法设计试图模拟人类的思维模式，开发出更智能、更灵活的计算系统，脑科学研究为理解人类的认知模式提供了重要参考。这种跨领域的协同创新为人工智能未来的发展开辟了广阔空间。人工智能技术的多元化发展不仅体现在技术本身的进步上，还体现在对社会和产业的深远影响上。例如，在教育领域，人工智能通过个性化学习路径设计和动态教学资源分配，显著提高了教学效率和教育公平性；在工业制造中，人工智能通过智能化生产流程优化资源配置，提高了生产效率。这些应用场景展示了人工智能技术的广泛适用性，也为未来技术的深入发展提供了更多可能性。

从深度学习到边缘计算，从分布式学习到可解释人工智能，这些技术进步为社会创新和经济发展注入了强大动力。未来，随着人工智能技术与其他领域的进一步融合，人工智能将持续推动人类社会的全面进步，成为塑造未来世界的重要驱动力。

三、人工智能技术在教育领域的应用现状

（一）个性化学习的实现与推广

人工智能在教育领域的广泛应用，为实现个性化学习奠定了技术基础，突破了传统教学模式的限制。传统的教育模式多采用统一的教学内容和进度，难以充分照顾学生的个体差异。这种“一刀切”的方法常常忽视学生在知识掌握能力、学习习惯和兴趣方面的差异，导致部分学生无法跟上教学进度，而另一些学生则可能因缺乏挑战感而失去学习动力。在教育领域引入人工智能技术，通过数据分析和智能算法，为每位学生量身定制学习路径，使个性化学习成为可能。

人工智能通过对学习行为数据的分析，深入挖掘每位学生的学习特点，做到动态调整教学内容和资源推荐。例如，在学习管理系统中，人工智能可以监测学生的学习时间、答题情况和对知识点的掌握程度，识别学生在特定知识领域的薄弱环节。通过分析这些数据，系统能够为学生推荐适合当前需求的学习资源，帮助学生有针对性地消除知识盲点。例如，一个学生在学习数学时，系统会根据该学生在代数题目中的错误率推荐相关的基础练习题，同时提供直观的解题步骤和方法。通过这种方式，人工智能不仅能提高学习效率，还能帮助学生建立更全面的知识体系。

智能推荐算法是实现个性化学习的关键工具。人工智能能够根据学生的学习行为模式，预测其未来的学习需求，并动态调整推荐策略。例如，基于协同过滤技术的推荐系统，可以分析与某学生学习轨迹相似的其他学生的数据，识别出对方使用过的高效资源，从而为该学生提供个性化的学习建议。这种算法的强大之处在于，它能够随着学生的学习进程不断更新推荐结果，确保学生始终接触到适合其当前水平和兴趣的内容。

智能化教学助手是推动个性化学习的重要一环。教学助手利用自然语言处理技术，模拟教学场景，与学生进行高效互动，为学生答疑解惑，提供学习建议。一些智能辅导软件能够在学生提出问题时，快速生成详细的解答步骤，并通过语音或文本与学生沟通。这些系统还能够根据学生的反馈不断优化解答内容。例如，当一个学生反复在某种类型的几何题中出错时，智能助手不仅会提供解题思路，还会生成额外的练习题目，帮助学生巩固相关知识。通过这种方式，智能化教学助手真正实现了从诊断问题到提供解决方案的全流程支持。

智能化教学助手还具有强大的情境适应能力，能够模拟多种教学场景，满足学生不同的学习需求。例如，在语言学习中，智能助手可以通过语音识别和自然语言生成技术，模拟真实的语言交流环境，帮助学生进行听说训练。这种交互方式不仅提高了学生的语言能力，还增强了学生学习的参与感和兴趣。同样，在科学实验教学中，智能助手可以通过虚拟实验室的形式，为学生提供安全且低成本的实验环境，让学生在实践中加深对知识的理解。

除了提升学习效率，人工智能还在优化教育资源配置方面发挥了重要作用。传统教学模式中，资源分配往往缺乏针对性，造成教学资源的浪费。例如，某些教学视频或练习题可能并不适合所有学生的水平和需求，结果部分学生因内容过难而失去信心，另一些学生则因内容过于简单而感到无趣。人工智能通过数据驱动的分析方法，能够精准识别学生的需求，分配最适合的资源。这种资源优化不仅提高了资源利用率，还为教育公平的实现提供了技术支持。

人工智能在教育领域的应用还在一定程度上缓解了教师的工作压力。在传统教学模式中，教师往往需要花费大量时间处理重复性工作，如批改作业、解答基础问题等。而人工智能能够承担这些任务，使教师将更多精力集中于教学设计和课堂管理。例如，一些人工智能系统可以在教师布置作业后，自动批改学生的作业，并生成详细的成绩报告。报告中不仅包括正确率，还提供了对学生表现的具体分析，如哪些知识点需要进一步巩固。这些工具为教师提供了更全面的教学数据支持，帮助教师更好地调整教学策略。

随着人工智能技术的不断发展，以及人工智能技术在教育领域的广泛应用，个性化学习的推广范围将进一步扩大。目前，许多在线教育平台已经将人工智能技术融入课程设计和学习资源推荐中，使个性化学习从小规模试点逐渐走向普及。

（二）教育评价方式的智能化升级

人工智能技术在教育评价中的广泛应用，正在全面革新传统的评估方式，为教育提供了更科学、更精准的评价体系。在传统的教育评价模式中，教师主要通过人工阅卷、面试和观察等方式评估学生的学习成果。这种方法尽管直观，但因主观性较强，难免有偏差，且效率相对较低。随着教育规模的扩大和教学内容的多样化，这种传统模式在面对大规模的学生评价需求时，显得力不从心。人工智能技术的引入，为教育评价方式带来了前所未有的智能化升级。基于人工智能的自动评分系统是这一领域的重要成果之一。这一系统通过机器学习算法，能够快速处理大量学生作业和考试答卷。无论是选择题、填空题，还是包含主观表达的作文，该系统都能够高效地完成批改。传统的人工评分模式在应对主观题时，常因阅卷人对评估标准理解上的不一致或情绪波动导致评分结果不够客观，而人工智能自动评分系统则能够基于大量标注数据，学习并遵循统一的评分标准，显著减少人为评分产生的主观偏差。例如，在批改学生作文时，系统不仅能够检测语法错误、拼写错误，还能评估文章的逻辑性、结构和主题相关性。对于有大规模评估需求的在线教育平台而言，自动评分系统的应用为高效处理成千上万份试卷提供了可靠的技术支持，大幅提升了教育评价的效率。

人工智能在教育评价中的贡献远不止于对结果的评估。智能化评价逐渐扩展到过程评价的领域，为教育提供了更加全面和动态的评估视角。过程评价不仅仅关注学习的成果数据，还关注学生的学习行为和对知识的掌握过程。这种评价方式依赖于人工智能对学生学习行为的实时监测和分析，能够获取学生在学习过程中的努力程度、参与度和反应速度等信息。例如，在在线课堂中，人工智能技术可以追踪学生的学习轨迹，包括他们的登录时间、观看视频的进度、答题的反应时间以及正确率等。这些数据被实时整合与分析后，会生成详细的学习报告，为教师提供关于学生学习状态的全景视图。这不仅能帮助教师了解学生当前的学习状况，还能预测他们未来的学习表现。

数据驱动的智能化评价方式能够深度挖掘学生学习行为数据，为因材施教提供强有力的技术支持。例如，对于一名在数学学习中遇到困难的学生，人工智能系统可以通过分析其答题数据，发现其在某些知识点上的薄弱环节，进而向教师和学生建议具体的改进措施。教师可以根据这些建议调整教学计划，学生则能够有针对性地复习相关知识点，从而提高学习效率和效果。此外，智能化评价在帮助教师优化教学策略方面也发挥了重要作用。人工智能技术能够快速处理大量的学生学习数据，发现群体性问题或趋势。例如，通过分析班级学生在某一考试中的整体表现，系统发现学生们做涉及某个知识点的习题时正确率普遍较低，这提示教师需要在接下来的教学中加强对该知识点的讲解和练习。同样，当系统识别出学生们在作业中表现出较高的参与度和正确率时，教师可以适当提高作业难度，为学生们提供更大的学习挑战。这种实时的反馈机制使教师能够在教学中更加灵活高效地满足学生在学习上的多样化需求。

智能化评价还在推动教学资源的优化配置方面展现出巨大潜力。通过对不同学生的学习数据进行综合分析，人工智能能够预测学生对特定学习资源的需求，并进行精准推送。例如，系统会为对某一知识内容掌握较差的学生推荐相关的教学视频、练习题和解答技巧，而对于已经掌握相关知识内容的学生，则提供进阶学习材料。这种智能化的资源推荐不仅提高了教育资源的利用率，还帮助学生获得了更加个性化的学习支持。这种精准的智能化评价，不仅优化了教学资源的分配，还为进一步实现教育公平提供了助力。在传统模式下，教育评价的质量会因为评估者的专业水平差异和情绪状态波动而受到影响，尤其在教育资源匮乏的地区，评价的公正性和科学性难以保证。而人工智能系统通过数据驱动的分析，能够提供统一且高效的评价服务，使更多学生无论身处何地，都能享受到同等质量的评价。这一系统为解决不同地区教育资源分布不均的问题提供了可能，特别适用于在线教育平台的全球化发展。

（三）教育资源的智能化整合与共享

人工智能技术在教育资源管理中的应用为教育领域带来了革命性的变化。传统教育模式下，教育资源的分布长期存在明显的不均衡现象。由于经济发展水平、师资力量和技术条件的差异，优质教育资源往往集中在发达地区，而偏远或经济欠发达地区则面临教育资源匮乏的问题。这种不均衡现象不仅影响了教育的公平性，也制约了整体教育水平的提升。人工智能技术的引入为解决这些问题提供了新的路径。智能化的资源整合和共享机制在教育领域的应用提升了资源的利用效率，促进了教育公平。

人工智能在教育资源管理中的核心作用体现在智能化分类和精准推荐功能上。基于知识图谱技术，人工智能能够将分散的知识点系统化，将复杂的学科内容梳理成清晰的逻辑网络。知识图谱不仅能帮助教师和学生快速定位目标学习内容，还能揭示知识点之间的关联性，促进学生对知识的深度理解。例如，在一门历史课程中，知识图谱可以通过直观的网络图展示历史事件的时间线、相关人物和社会背景，为学生展现全景式的知识结构。这种技术将零散的学习资源转化为结构化的知识体系，大幅提升了学生的学习效率，同时为教师的教学设计提供了更多参考。

人工智能还能通过精准的资源推荐功能，将教育资源与用户需求进行高效匹配。传统教育模式中，教学资源的推荐往往是基于经验的主观判断，缺乏科学依据，而人工智能技术能够通过分析学生的学习行为数据，识别其兴趣点、知识薄弱环节以及学习偏好，从而推送最适合的资源。例如，一个学生在物理学科中表现出对电磁学内容的掌握较为薄弱，系统会自动推荐相关的教学视频、练习题和实验资源，帮助其弥补短板。对于教师，人工智能系统则可以根据课程需求和教学风格，提供与课程设计匹配的教学素材和案例，从而优化课堂教学效果。这种基于数据驱动的资源分配方式，不仅提高了资源的利用率，还推动了教育效率的全面提升。

资源共享机制的智能化升级是人工智能在教育资源管理中另一个重要表现。基于人工智能技术的在线教育平台使得教育资源的共享突破了时间和空间的限制，真正实现了优质资源的广泛覆盖。在传统教学模式中，偏远地区的学生难以获得较发达城市中名校的课程资源，而人工智能技术通过云计算和大数据分析，将这些资源数字化并在线化，供所有学生平等获取。例如，一些由顶尖大学开发的在线课程，通过人工智能平台向全球学生开放，任何有互联网接入的地方都可以享受这些资源。这种方式极大地提升了教育资源不足的地区的教育质量，缩小了城乡之间、地区之间的教育鸿沟。

动态更新能力是人工智能在资源整合与共享中的另一大优势。知识的增长和技术的进步使得教学内容需要不断更新，以满足教学的需求。然而，传统教育资源的更新往往周期较长，难以及时反映最新的学术成果和社会发展动态。人工智能系统通过对最新数据的自动分析和整合，能够快速将新知识纳入教学资源中。例如，在一门计算机科学课程中，当新的编程语言或开发工具出现时，人工智能系统可以迅速生成相关的教学内容，包括课程讲义、视频教程和实践案例。这种资源的动态更新能力确保了学生和教师始终可以接触到最前沿的知识，保持教学内容的时效性和竞争力。人工智能技术在资源共享中这一优势，也体现出终身学习这一教育理念。传统教育模式以阶段性学习为主，学生通常在特定的年龄段集中接受教育，而在进入社会后接受系统化教育的机会较少。基于人工智能技术的智能学习平台通过提供个性化的学习路径和持续更新的资源，使学习不再局限于校园，而是成为贯穿人一生的活动。例如，成人学习者可以通过这些平台获取职业技能培训课程，并利用智能化资源推荐技术提高学习效率，从而提高自身的竞争力或实现职业转型。人工智能技术的这一特点，为进行终身学习奠定了技术基础，也推动了社会整体教育水平的提升。

人工智能技术在教育资源共享中还体现出跨文化和跨学科的整合能力。通过多语言处理技术，人工智能系统能够将不同语言的学习资源互译并整合，降低了语言障碍对教育资源共享的限制。例如，一个以英语教授的数学课程可以通过翻译技术生成其他语言的版本，从而使更多非英语学习者受益。同时，人工智能还可以将跨学科的资源进行有机整合。例如，在地理课程中引入与气候变化相关的环境科学知识，在文学课程中推荐与主题相关的历史事件分析。这种多维度的资源整合，不仅丰富了学习内容，也培养了学生的跨学科思维能力。

（四）沉浸式学习环境的构建

人工智能技术在沉浸式学习环境的构建中展现出了极大的潜力，为教育领域带来了全新的学习体验和教学模式。传统教学模式往往局限于课堂的单向传授，学生在学习过程中缺乏真实场景的互动体验，这不仅容易导致其学习兴趣下降，也限制了其对复杂概念和抽象知识的深刻理解。虚拟现实（VR）和增强现实（AR）等技术在教学中的引入，为学生构建了更加生动、沉浸的学习环境。这种环境以其高度的沉浸感和互动性，极大地激发了学生的学习兴趣，并提升了学生对知识的理解深度和记忆效果。

在学习历史知识时，虚拟现实技术的应用为学生提供了身临其境的体验，使学生能够更直观地了解历史事件和文化背景。例如，当学生学习关于古代文明的内容时，佩戴 VR 设备后，他们可以“走进”古埃及金字塔，亲眼观察其中的结构和壁画，甚至“见证”古代工匠建筑金字塔的过程。这样的学习方式不仅使历史知识变得更加鲜活，也增强了学生对历史的兴趣。同样，在学习地理知识时，学生可以通过虚拟现实技术到地球的不同角落“旅行”，探索火山、冰川或热带雨林的地貌特征。这种互动性强、视觉冲击力大的学习体验，使学生能够更直观地理解地理概念和自然现象，从而提高学习效率。

增强现实技术在科学实验教学中的应用也充分体现了沉浸式学习的优势。科学实验课程中的许多理论和概念往往抽象难懂，例如分子结构、电磁场的变化或光的折射现象。通过增强现实技术，人工智能可以将这些抽象的理论具体化，让学生直观地观察和操作。例如，在学习化学分子结构时，学生可以通过增强现实设备“抓取”虚拟的分子模型，旋转、拆解并重新组装，从而深入理解分子间的键合关系。在物理课程中，学生可以使用增强现实技术模拟实验，观察电场和磁场的动态变化，或者分析光线经过不同介质时的折射路径。这种直观的、动手参与的学习方式，不仅能提高学生对科学知识的兴趣，也能增强学生的动手能力和逻辑思维能力。

语言学习是沉浸式学习环境的另一个重要应用领域。通过人工智能的支持，语言学习者可以进入高度逼真的模拟对话环境，与虚拟对象进行实时互动。这种互动依赖于语音识别和自然语言处理技术，人工智能能够根据学习者的语音输入，实时生成符合情境的对话内容，并对发音和语法进行纠正。例如，在模拟旅行场景中，学生可以与虚拟导游进行交流，练习问路、购物或点餐的对话。这种方式不仅提供了真实的语言使用环境，还帮助学习者克服了语言学习中常见的紧张和不自信等问题。此外，人工智能还能够根据学习者的语言水平和学习情况，动态调整对话的难度和内容，确保学习过程的连贯性和挑战性。这种高度个性化的学习方式，显著提升了语言学习的效率和效果。

沉浸式学习环境不仅在知识传授方面展现了优势，也在情感教育和社会化学习中发挥了重要作用。通过虚拟现实技术，人工智能可以模拟复杂的社会情境，为学生提供团队合作、领导力和决策力的训练。例如，在商业模拟课程中，学生可以参与虚拟公司运营，从市场调研到财务管理，再到产品发布，每一个决策都需要团队协作完成。这种基于情境的学习方式，能够帮助学生在实际操作中提升综合能力，同时培养学生的沟通技巧和问题解决能力。

（五）对教育公平的推动

人工智能在教育领域的应用不仅推动了教学质量的提升，也在促进教育公平和普惠方面发挥了重要作用。长期以来，教育资源的分布不均问题在全球范围内广泛存在，这种差距显著影响了整体教育水平的提升。人工智能技术的快速发展，为解决这一问题提供了全新的思路和技术支持，使得优质教育资源能够跨越地理限制，惠及更多需要帮助的人群。

智能化教学工具的应用为教育公平的实现提供了技术支撑。这些工具不仅可以根据地区和学生个体的需求，量身定制教学内容，还能够通过实时分析学习行为，提供个性化的指导。例如，自动化课程生成工具能够结合不同地区的文化背景、教育目标以及学生的学习习惯，生成符合当地需求的课程内容。在偏远地区，人工智能系统可以通过分析当地学生的学习数据，设计更加贴近实际需求的教学方案，从而提高教育资源的适用性。对于那些缺乏经验的教师而言，这些智能工具不仅弥补了他们教学经验的不足，还为教学内容的改进提供了科学依据。

语言障碍是实现教育公平的另一大挑战，而人工智能技术在这一领域的突破性应用，为解决这一问题提供了全新方案。智能语音助手和翻译工具的普及，显著降低了语言差异对学习者的限制。例如，在多语言环境中，人工智能翻译技术可以实时将课程内容翻译为学生熟悉的语言，使他们能够更轻松地理解知识点。同时，智能语音助手通过语音识别和自然语言处理技术，可以与学生进行流畅的互动，为其解答问题并提供学习建议。这种技术支持为需要跨文化、跨语言进行学习的学生提供了学习机会，促进了教育资源的全球共享。

开放式学习平台是人工智能推动教育普惠的重要成果之一。通过支持人工智能技术的慕课（MOOC）系统，可供全球范围内的学习者免费或以低成本获得高质量课程资源。这些课程涵盖基础学科、专业技能教学等广泛内容，为有着不同需求的学习者提供了多样化的选择。无论是偏远地区的学生，还是希望提升职业技能的成年人，都能通过开放式学习平台获得继续教育和终身学习的机会。例如，许多国际知名大学已经将课程内容数字化，并通过开放平台向全球的学习者免费提供，任何具备网络连接的人都能享受到一流的教育资源。这种开放式的教育形式打破了经济条件和地理位置对学习者的限制，使更多人有机会接受高质量教育。

人工智能还在教育资源的动态更新和优化中发挥了关键作用，为教育公平注入了新的动力。传统教育资源的更新速度往往较慢，无法迅速反映知识的更新，而人工智能通过数据驱动的分析和学习，能够快速将最新的学术成果和知识内容整合到课程中。例如，当科学领域出现新的发现或技术时，人工智能系统可以及时生成相关教学材料，并通过在线平台发布给全球学习者。这种动态更新能力确保了教育资源的前沿性，不同地区的学习者都能获得最先进的知识，缩小了因信息滞后而导致的教育差距。

教育公平的推进还得益于人工智能技术对教育资源的精准分配能力。在传统教育体系中，资源分配往往缺乏科学依据，容易导致资源的浪费或分配不公。而人工智能技术通过对学习者需求的精准分析，可以为特定人群或地区提供最适合的教育资源。例如，在资源匮乏的农村地区，人工智能系统可以根据学生的实际情况推荐有针对性的学习内容，或通过智能教学平台连接到城市的优质教学资源，使城乡学生享有同等的学习机会。此外，人工智能还可以分析不同地区间的教育需求的差异，帮助相关政府部门和教育机构更科学地制定教育资源的分配策略，从而提高教育资源的利用率，进一步促进教育公平。

在成人教育和职业培训领域，人工智能同样为教育普惠提供了创新性的解决方案。现代社会的快速发展要求人们不断学习新技能，应用人工智能技术的在线教育平台能够为成年人和职业人士提供灵活的学习选择。这些平台不仅能够根据学习者的职业需求为其推荐适合的课程，还能够通过实时数据分析、评估学习效果，帮助学习者更快地掌握新知识。例如，人工智能系统可以生成个性化的技能培训计划，帮助学习者应对行业变化，增强其职业竞争力。这种基于人工智能的教育模式，不仅让更多人获得继续学习的机会，也为社会整体发展提供了高素质的人才支持。

人工智能在推动教育公平与普惠方面的应用，正在为实现全球范围内的教育公平提供坚实支持。通过智能化教学工具、开放式学习平台和动态更新的教育资源，人工智能正在帮助逐步缩小不同地区、不同背景学习者之间的教育差距。人工智能技术打破了经济条件和语言文化的限制，使高质量教育资源触手可及。未来，随着人工智能技术的进一步发展，其促进教育公平和普惠的潜力将得到更充分的释放，为全球教育事业的可持续发展注入强大动力。

第二节　图书馆信息素养教育的基本理论

一、图书馆信息素养的内涵与发展

（一）图书馆信息素养的基本内涵

图书馆信息素养是一种综合能力，涵盖了个体在信息获取、评估、管理和应用过程中展现出的一系列技能、知识与态度。这种能力不仅是在现代社会中进行学习与工作的基础，更是个人在信息社会中获取优势地位的重要保障。随着信息技术的飞速发展，信息的种类和数量呈现出指数级增长，如何在浩瀚的信息海洋中有效定位、评估和利用信息，已成为个体应对复杂信息环境时的核心挑战。因此，信息素养被赋予了越来越高的价值，成为当代社会中不可或缺的能力。

图书馆信息素养的核心在于能够在多样化的信息环境中准确定位所需资源，并以高效的方式完成信息处理。这种能力不仅仅停留在工具性的使用层面，还涉及对信息的批判性分析和价值判断。一个具备高水平信息素养的个体，能够熟练使用信息检索工具，如在线数据库、图书馆目录和互联网搜索引擎，通过关键字分析和逻辑组合从大量的信息中快速筛选出相关资源。这种获取能力只是信息素养的基础，更重要的是对信息的理解与评估。面对同一主题的多种信息来源，用户需要学会识别其可信度、客观性和时效性，避免被错误信息或偏见误导。

在现代社会，信息素养的培养已不再局限于传统的文献检索技能，而是向更高层次的综合能力发展。用户在面对复杂的知识体系时，往往需要将多种信息来源整合为连贯的知识框架，以支持学习、决策或解决问题。这一过程中，信息素养还要求用户能够灵活运用所掌握的信息工具，在复杂情境中找到解决问题的最佳路径。例如，在学术研究中，信息素养体现在研究者能够高效地查阅文献、筛选高质量数据并利用这些资源完成原创性研究成果；在企业管理中，信息素养则表现在管理者能基于市场数据做出科学决策，为企业的发展提供强有力的支持。

信息素养的重要性不仅体现在对个体能力提升的促进作用上，还体现在对社会中各个组织的发展的深远影响上。在现代社会组织中，无论是教育机构、科研组织还是企业，信息素养都直接影响其整体效率和竞争力。一个组织的信息素养水平不仅决定其知识管理能力，还决定其创新能力和应对复杂环境的能力。例如，在教育机构中，教师运用信息素养可以设计更高效的教学策略，帮助学生更快地掌握知识；在企业中，员工运用信息素养可以为企业提供更精准的数据分析和市场预测，从而增强企业的竞争优势。

此外，信息素养的培养也是个人适应信息过载时代的重要途径。在当前的信息环境中，虚假信息、过时信息和低质量信息的泛滥给信息的筛选与应用带来了巨大挑战。培养信息素养的核心任务之一就是提升对信息的辨识能力，使个人能够在众多信息中辨别真伪，选取最有价值的部分。这种能力不仅在个人学习和工作中至关重要，在社会层面也具有重大意义。例如，在公共危机中，具备信息素养的公众能够快速识别权威信息来源，避免被虚假信息误导，从而采取更科学的应对措施。信息素养还可以帮助构建更理性的公共舆论氛围，为社会治理和公共决策提供可靠支持。

从图书馆学的视角来看，信息素养的推广是图书馆服务职能的重要组成部分。作为知识存储与传播的核心机构，图书馆不仅需要为用户提供丰富的信息资源，还需要通过培训、讲座和个性化服务等方式，帮助用户掌握利用这些资源的技能。例如，许多现代图书馆已经设立了专门的信息素养培训课程，涵盖文献检索工具的使用、信息来源的评估技巧以及信息整合与应用的方法等内容。这些服务不仅提升了用户的个人能力，也发挥了图书馆作为知识枢纽的作用。

随着信息技术的不断进步，图书馆信息素养的内涵也在不断扩展。从传统的书目检索到现代的多媒体资源管理，从单一的信息获取技能到多维度的信息整合能力，信息素养的培养正变得更加复杂和系统化。例如，人工智能技术的引入为信息检索和分析提供了更强大的工具支持，用户通过智能化系统可以获得更加精准和高效的服务。然而，这也对用户的信息素养提出了更高的要求，即如何在智能系统的辅助下，结合自身的分析能力做出合理判断。信息素养不仅是技术能力的体现，也是对用户的深度思维能力和逻辑能力的考验。

从本质上讲，图书馆信息素养的核心目标是帮助个体在多样化的信息环境中实现高效和合理的知识管理。它不仅是一种技术能力，更是一种思想方法。通过培养信息素养，用户能够在信息海洋中定位到自己需要的信息，并将信息转化为有价值的知识。这种能力不仅能够满足个人的学习和工作需求，还能够为社会的发展提供智力支持。在知识经济时代，信息素养的重要性将更加凸显，其理论和实践的不断深化也必将为社会进步注入新的活力。

（二）图书馆信息素养的主要维度

图书馆信息素养作为一种综合能力体系，其涵盖的多个维度在信息获取、分析、管理和应用的不同阶段发挥着重要作用。这些维度相互关联、层层递进，共同构成了信息素养的完整框架，为用户提供系统化的指导，帮助用户在复杂的信息环境中高效地完成各类任务。

获取信息的能力是图书馆信息素养的基础，也是用户有效进入信息世界的第一步。这一维度要求用户熟练掌握从多种渠道获取信息的技能，包括传统的书目检索工具和现代化的数据库与搜索引擎。传统书目检索工具，如图书馆的分类目录和主题索引，提供了获取结构化信息的重要路径，而现代数据库和搜索引擎则以覆盖范围广、检索效率高的优势，成为当前信息获取的主流方式。在获取信息的过程中，用户需要掌握分析关键词的技巧，通过准确选择搜索词和使用布尔逻辑检索，快速从海量信息中筛选出相关资源。此外，随着全球化的发展和多语言环境的普及，用户还需要具备在跨平台、多语言信息环境中检索和获取信息的能力。例如，在国际学术研究中，用户可能需要从不同语言的文献中获取参考数据，这对用户的语言能力和使用信息工具的熟练度提出了更高的要求。

在获取信息后，用户的任务并未结束，对信息的批判性分析和评价是图书馆信息素养的关键环节。在当前信息泛滥的社会中，信息的质量参差不齐，用户需要具备辨别信息真实性、客观性和学术价值的能力。批判性分析的第一步是判断信息来源的可信度。例如，学术期刊、权威数据库和政府网站通常被认为是可靠的信息来源，而某些未经审核的个人博客或社交媒体内容可能存在较大的偏见或错误。用户需要学会通过查看作者背景、参考文献以及信息的发布机构等方式，评估信息的可靠性。其次，用户需要审视信息内容的客观性和时效性。一些拥有权威来源的信息，可能由于立场偏向、陈旧的研究方法或过时的数据而失去实际价值。如果用户缺乏批判性思维，很容易被这些信息误导，进而影响决策或研究的准确性。

信息管理与整合是图书馆信息素养的重要组成部分，它贯穿于信息获取和应用之间的过渡阶段。用户在获取大量信息后，必须学会有效地整理、归档和管理这些资源，在需要时能够快速找到并加以利用。信息管理包括分类存储、建立信息索引和运用高效的检索方法。例如，用户可以使用专门的软件或工具对信息进行分类管理，如按照主题、来源或时间进行标记，便于后续的查阅和应用。信息整合则要求用户从多种来源中提取核心内容，将其转化为可供决策或知识创造的有用信息。例如，在一项学术研究中，研究者可能需要整合来自不同领域的文献，提炼出研究主题的关键点，形成完整的理论框架。整合能力不仅考验用户对信息的理解深度，也反映了用户对知识体系的重构能力。

信息利用的能力是信息素养的最终体现，是将前述所有能力转化为实际成果的关键环节。用户需要根据具体需求，合理应用获取的信息资源来解决实际问题或创造新的知识。例如，在学术研究中，信息利用能力体现在对参考文献的规范引用、对研究背景的合理补充以及研究方法的创新应用中。一篇优秀的学术论文，往往依赖于研究者对信息的高效整合和恰当引用，其最终成果不仅体现了研究的科学性，也展现了作者对信息资源的熟练运用。在企业管理领域，信息利用能力则体现在基于市场数据的战略决策中。例如，市场分析人员需要综合竞争对手的市场行为、消费者偏好和行业趋势等信息，为企业制定有效的市场策略。这一过程不仅要求信息获取的广度，还需要深度分析、运用创造性思维，将信息转化为具有实际价值的方案。

图书馆信息素养的这些主要维度相辅相成，共同作用于信息处理的全过程。获取信息是基础，它决定了用户能否进入信息世界并获得必要的资源；批判性分析和评价是保障，它确保用户能够筛选出可靠且有价值的信息；管理与整合是桥梁，它连接了信息的获取与应用，使信息资源得以高效组织并发挥最大效用；信息利用则是目标，是信息素养的最终呈现形式。这一过程不仅帮助用户实现了个人学习和工作的目标，也为社会的发展和进步提供了重要支持。在当前的信息社会中，信息素养的各个维度已成为个人和组织生存和发展所需的核心能力，随着信息环境的不断变化，这些能力的内涵和实现方式也将不断扩展和深化。

（三）图书馆信息素养的发展历程

图书馆信息素养的概念起源于20世纪后期，是随着信息社会的逐步成型而发展起来的一种重要能力体系。最初，这一概念与信息检索技能和文献利用能力密切相关，其核心目的是帮助用户熟练使用图书馆的工具和资源。特别是在纸质文献为主的时代，这一素养可以帮助用户通过目录卡片、分类系统和索引等工具，高效获取所需的知识。彼时的信息素养主要适用于学术研究和专业学习，注重于技术性的检索操作，对信息的深层次分析和应用涉及较少。然而，这一初级阶段为信息素养的进一步发展奠定了基础，也成为图书馆教育的重要组成部分。

进入20世纪80年代，随着电子数据库和计算机技术的普及，信息素养的内涵逐步扩展和深化。图书馆从传统的实体书目管理向数字化资源管理转型，为用户提供了更广泛的信息渠道和更多样化的检索工具。在这一阶段，信息素养不再局限于文献检索技能，开始涉及对电子信息资源的利用和管理能力。例如，用户需要掌握通过计算机终端访问在线数据库、使用布尔逻辑进行复杂检索以及从大量数字资源中筛选高质量信息的能力。这种转型反映了图书馆服务数字化进程的加快，也体现了信息技术在教育和知识传播中的重要作用。与此同时，信息素养的教学形式也逐渐多样化，除了传统的面授培训，图书馆开始开发基于计算机的学习课程，为用户提供更灵活的学习方式。

21世纪到来后，互联网的普及和大数据时代的兴起彻底改变了人类获取信息的方式和路径。信息从以往的集中式存储和管理，转向分布式、动态化的全球网络。用户不仅可以通过图书馆获取信息，还可以通过搜索引擎、社交媒体和在线平台直接访问海量信息资源。在这样的背景下，信息素养的重点从单纯的文献检索转向培养用户在复杂信息环境中选择和应用信息的能力。这种能力不仅要求用户能够快速找到信息，还要求用户具备分析、评价和整合信息的综合能力。尤其是在信息过载和虚假信息泛滥的当下，这种能力显得尤为重要。

为了适应这一新形势，图书馆逐渐将信息素养教育纳入其核心服务之一，推出了系统化的信息素养培训计划。这些计划包括举办讲座、开设在线课程以及提供个性化咨询服务等多种形式，以满足不同用户的需求。例如，图书馆通过专题讲座向学生和研究人员讲解如何使用学术数据库以及管理参考文献和分析学术资源的技巧；提供在线课程，使用户能够随时随地学习信息检索和管理的基本技能；提供一对一咨询，为有特殊需求的用户提供针对性的帮助。这些服务的开展，不仅提高了用户获取和利用信息的能力，也使图书馆进一步巩固了其知识服务中心的地位。

近年来，人工智能和智能化技术的引入，为信息素养的发展注入了新的活力。人工智能技术极大地提升了信息检索和资源管理的效率，为用户提供了更智能、更便捷的服务。例如，基于人工智能的个性化检索建议功能，可以根据用户的检索历史和兴趣偏好，推荐与其需求最匹配的资源。这种智能推荐不仅减少了用户在信息海洋中摸索的时间，也提高了获取信息的精准性。与此同时，图书馆还依托人工智能技术开发了智能化的参考咨询系统。这些系统能够通过自然语言处理技术快速理解用户的查询需求，并提供高质量的资源搜索建议或问题解答，显著提升了信息服务的响应速度和效果。人工智能的应用不仅改变了信息素养的实践方式，也拓展了其理论范畴。在传统的信息素养概念中，技术技能是核心内容，而随着智能技术的发展，信息素养逐渐向更高层次的思维能力和创造能力延伸。例如，用户不仅需要学会检索信息，还需要学会利用数据分析工具挖掘信息背后的价值，通过跨领域整合和逻辑推理，为研究或决策提供支持。

当前，信息素养教育的重点已经从工具使用培训转向对用户全面能力的培养。图书馆不再仅仅是资源提供者，而是信息素养教育的推动者和引领者。通过整合最新的技术手段和教学理念，图书馆将为用户提供全面、专业和个性化的信息素养教育服务。这一过程中，信息素养的理论和实践将进一步深化，为社会的发展提供更加坚实的知识基础。未来，随着技术的不断进步和信息环境的持续变化，图书馆信息素养的内涵和实践模式必将继续演进，为人类在信息社会中的生存与发展提供更为强大的支持。

二、图书馆信息素养教育的理论基础与模型

（一）图书馆信息素养教育的理论基础

图书馆信息素养教育的理论基础源于多学科的交叉研究，涵盖了教育学、信息科学、心理学和社会学等多个领域的理论与实践。这种多学科视角为信息素养教育提供了系统化和科学化的指导，帮助图书馆在信息社会中更好地履行其教育职能。在教育学领域，建构主义学习理论对信息素养教育有着深远的影响。建构主义强调学习者是知识的主动建构者，而非被动接受者。在信息素养教育中，这一理论引导图书馆将教育重点放在培养用户的主动学习能力上，通过交互式教学和实践活动，帮助用户在实际应用中掌握相应技能。这种学习方式要求图书馆不仅要教授工具的使用方法，更要培养用户对信息的理解和应用能力。

信息科学理论为信息素养教育提供了内容框架和技术支撑。例如，信息素养教育的目标设定参考了布鲁姆的分类学，将信息处理分为记忆、理解、应用、分析、评价和创造六个层次。在这一理论的指导下，信息素养教育不再局限于基础技能的传授，而是注重培养用户在复杂信息环境中进行批判性思考和创新性应用的能力。此外，信息行为理论可用于对用户进行信息检索和利用的行为模式进行详细分析，为图书馆设计以用户为中心的教育内容提供依据。这些理论的结合，使图书馆信息素养教育从内容设计到实施都更加科学化和高效化。

用户接受信息素养教育时，往往需要学习新的工具和方法，这一过程涉及行为改变和新习惯的形成。心理学理论为信息素养教育提供了关于学习过程和行为改变的深刻见解。行为主义学习理论通过强化机制和反馈机制，帮助用户在实践中逐步掌握技能；认知心理学则强调用户对信息的理解和内部化过程，要求教育内容能够启发用户的逻辑思维和认知能力。此外，社会心理学理论揭示了学习环境中的社会互动对学习效果的影响，这为信息素养教育中的小组学习和协作学习提供了理论依据。例如，在团队项目中，通过互动和分享，不同背景的用户可以相互学习，这种社会化学习显著提升了教育的效果。

（二）图书馆信息素养教育的模型

在理论基础的指导下，多个信息素养教育模型得以建立，为图书馆的信息素养教育实践提供了具体方法和实施框架。这些模型通常以培养用户的信息能力为目标，从信息获取、评价到应用的全过程出发，设计出系统的教育流程和评估机制。其中，最具代表性的是 Big6 信息素养模型、Sconul 七大支柱模型和信息处理技能模型。Big6 模型是信息素养教育中应用广泛的一种方法论框架，它将信息处理划分为任务定义、信息检索、信息定位、信息利用、信息整合和评价六个阶段。在这一模型中，用户首先需要明确任务需求，并根据需求设定信息目标；随后通过检索和定位获得相关信息，并对信息进行分析和利用；最后，将获取的信息整合到实际任务中，并对整个信息处理过程进行反思和改进。Big6模型以其清晰的阶段划分和实践导向，为图书馆设计系统化的信息素养课程提供了直接参考。Sconul七大支柱模型则通过七个核心能力的设定，对信息素养进行了全面定义。这七个核心能力包括识别、范围、计划、获取、评价、管理和展示。此模型强调信息素养教育不仅是技术层面的培训，还需要关注用户在信息利用中的批判性思维、信息伦理和社会责任感。例如，在评价阶段，用户需要学会从多角度审视信息的真实性和权威性；在展示阶段，用户需掌握有效传递信息的技能。这一模型为图书馆信息素养教育注入了更深层次的社会和伦理维度，适应了当代信息社会的需求。

信息处理技能模型是一种基于用户行为的教育模型，重点分析用户在信息处理过程中的思维方式和行为路径。该模型关注用户从感知需求到实现信息目标的全流程，包括问题意识的形成、信息工具的选择、信息源的评估以及信息成果的输出等过程。这一模型的特点是强调动态性和灵活性，适应了用户在不同情境下的多样化需求。通过这一模型，图书馆可以设计更加个性化的信息素养教育内容，满足不同用户群体的特殊要求。在实践中，图书馆通常会结合多个模型的优点，根据用户群体的具体需求和技术条件设计信息素养教育方案。例如，对于高校图书馆而言，Big6模型的阶段性结构非常适合作为从入门到高级的分层课程的设计参考；对于社区图书馆，以Sconul七大支柱模型中关于信息伦理和社会责任的内容作为设计参考，更有助于提升公众的信息素养意识。通过灵活运用这些模型，图书馆能够将信息素养教育与用户需求紧密结合，最大化教育的实际效果。

图书馆信息素养教育的理论基础和模型共同构成了这一领域的知识框架。理论基础为教育实践提供科学指导，确保内容设计和方法选择的合理性；教育模型则为实践提供具体的操作路径，使信息素养教育更加系统化和高效化。

未来，随着技术的不断进步和用户需求的多样化，图书馆信息素养教育的理论和模型还将持续演变，为信息社会的发展提供更加全面的智力支持和服务保障。

三、信息素养教育在图书馆服务中的实践价值

信息素养教育在图书馆服务中的实践价值体现在多个方面，是现代图书馆履行教育职能的重要体现。在信息社会中，图书馆不仅是知识存储与传播的机构，也是培养用户信息能力的重要场所。信息素养教育通过系统化的培训和指导，旨在帮助用户掌握信息获取、评估、管理和利用的能力，从而提高用户在复杂信息环境中的适应力和竞争力。这种实践价值不仅服务于用户的个人发展，也对整个社会的信息共享与知识创新起到了积极作用。

通过信息素养教育，图书馆能够有效帮助用户提升信息获取能力。这种能力是用户高效利用图书馆资源的前提条件，也是满足用户个性化学习需求的重要保障。在信息检索中，用户面对的是庞大的数据量和多样化的资源，如果缺乏相应的检索技巧，容易因无从下手或筛选不当而浪费时间。信息素养教育通过教授关键词选择、布尔逻辑检索和检索结果过滤等技巧，帮助用户快速找到与需求相关的资源。例如，在学术研究中，研究者可通过信息素养课程学习数据库使用技巧，更高效地查阅文献、筛选高质量研究成果，从而推动学术工作的深入开展。这种获取能力的提升，使用户在面对复杂的信息环境时，能够保持主动性和高效性。

信息素养教育还在帮助用户提升批判性思维能力方面具有重要价值。在当代信息社会中，信息的质量参差不齐，虚假信息、片面观点和过时数据充斥网络，用户如果缺乏判断力，很容易被误导。信息素养教育通过教授信息来源评估和内容分析方法，使用户能够从多个角度审视信息的可靠性、时效性和权威性。例如，用户可以对比不同信息来源的观点，识别新闻媒体报道

中潜在的偏见，并从中提取核心事实。在学术研究中，用户可根据研究方法、引用情况和出版渠道评估文献的学术价值。这种批判性能力的培养，使用户能够筛选出高质量信息，避免受到低质量或误导性信息的影响，在学习和工作中做出更加科学的决策。

培养信息管理与整合能力是信息素养教育在图书馆服务中另一重要价值体现。在获取信息之后，如何有效地管理和利用这些信息成为用户面临的主要问题。信息素养教育帮助用户掌握分类存储、信息标记和资源整合等技能，使用户能够在需要时快速定位获取的信息资源。例如，在研究项目中，研究者通过信息管理软件对获取的文献进行分类和注释，从而提高后续引用和分析的效率。信息整合能力还体现在用户能够将来自不同来源的信息有机结合，形成完整的知识框架，为学习、研究或实际应用提供支持。这种能力的提升，使用户更加系统化和条理化地进行信息利用，能够显著提高用户的工作效率和成果质量。在促进终身学习方面，信息素养教育也发挥了关键作用。现代社会的知识更新速度极快，个体需要不断学习新技能、掌握新知识，以适应变化的环境。图书馆通过信息素养教育，为用户提供持续学习的能力支持，使用户能够独立获取学习资源并根据个人需求设计学习路径。对在线课程资源的检索和利用，对技术文档的查阅和分析，都是用户通过信息素养教育获得的核心技能。借助这些技能，用户能够在职业生涯中保持竞争力，同时在个人兴趣领域不断拓宽视野。信息素养教育满足了用户当前的学习需求，也为用户未来的发展提供了坚实的基础。

信息素养教育在培养用户的信息道德意识和伦理意识方面同样具有深远的实践价值。在信息传播迅速、信息滥用频繁的时代，如何合理合法地利用信息资源，是重要的社会议题。图书馆通过信息素养教育，能够引导用户正确认识知识产权、引用规范和信息共享的原则。例如，用户在撰写论文时，能够通过正确引用他人作品避免学术不端；在信息传播过程中，用户能够遵守隐私保护和数据安全的相关规定。对信息道德意识的培养，不仅规范了用户在信息使用过程中的行为，也提升了整个社会的信息治理水平。信息素养教育在推动社会知识共享和创新中也扮演了重要角色。图书馆作为知识传播的枢纽，通过信息素养教育帮助用户更高效地利用信息资源，为社会创新创造了良好的环境。例如，在创新、创业领域，创业者通过信息素养培训，能够快速掌握市场动态、技术趋势和政策环境，从而制定更加精准的商业策略；在公共服务领域，图书馆通过信息素养教育提升公众的信息获取和分析能力，为智慧城市建设和社会治理提供了智力支持。这种社会层面的实践价值，使信息素养教育超越了个体教育的范围，成为促进社会进步的重要力量。

信息素养教育在图书馆服务中的实践价值不仅体现在提升用户的信息能力上，也贯穿于学习、创新和社会进步的方方面面。通过系统化的信息素养教育，图书馆不仅实现了自身职能的拓展，也为构建知识型社会提供了重要支持。在未来，随着社会对信息能力需求的不断增长，信息素养教育将继续在图书馆服务中发挥不可替代的作用，为用户和社会的发展创造更多可能性。

第三节　人工智能赋能图书馆信息素养教育的理论框架

一、人工智能与信息素养教育的结合点分析

人工智能赋能图书馆信息素养教育的核心在于探索人工智能技术与信息素养教育的深度融合，这种融合为传统图书馆教育模式注入了新的活力。人工智能技术通过数据驱动和智能化分析，在信息获取、处理、管理和应用的各个环节中发挥了重要作用，使信息素养教育的内容、方式和目标得以全面升级。这种融合不仅提升了信息素养教育的效率和精准性，还拓展了其实践范围，为用户提供了更加个性化和动态化的学习体验。

人工智能技术在信息获取阶段的应用为信息素养教育提供了坚实基础。传统的信息检索往往依赖用户的关键词选择和逻辑操作，检索结果的质量与用户的检索技能息息相关。而人工智能技术通过自然语言处理和语义分析，能够更好地理解用户的查询意图，生成更为精准的检索结果。例如，在图书馆的智能检索系统中，用户输入模糊的关键词或自然语言描述时，系统可以通过深度学习模型解析查询内容，结合上下文语义，推荐相关资源。这种智能化检索不仅降低了用户获取信息的门槛，还显著提升了用户检索效率，为信息素养教育提供了新的实践路径。

在信息处理与分析环节，人工智能技术同样发挥了重要作用。信息素养教育的关键目标之一是培养用户对信息进行批判性分析和评价的能力。然而，面对复杂多样的信息环境，许多用户在评估信息的可信度和价值时缺乏足够的经验和工具支持。人工智能技术通过情感分析、来源鉴定和内容审查等功能，为用户提供了强大的辅助支持。例如，在社交媒体信息泛滥的背景下，人工智能算法可以快速识别信息来源的可信度，并标注可能包含虚假或误导性内容的信息，为用户提供更精准的参考依据。这种技术的应用不仅强化了信息素养教育中的评估环节，也帮助用户在实践中更好地完成信息筛选与判断。

人工智能还在信息管理与整合方面为信息素养教育提供了创新方法。信息素养教育的一项重要任务是帮助用户掌握信息的分类、存储和整合技能，使用户能够在需要时快速调用相关资源。传统的信息管理方法往往依赖用户手动操作，效率较低，且容易出现遗漏。人工智能技术通过自动分类、智能标记和语义关联功能，大幅提升了信息管理的便捷性。例如，基于人工智能的文献管理工具能够自动提取文档中的关键词、主题和参考文献，并生成有序的知识网络，帮助用户快速掌握文献之间的关系。这种智能化的信息管理方式，不仅提高了用户利用信息的效率，也为信息素养教育提供了更多技术支持和教学资源。

在信息应用环节，人工智能技术进一步扩大了信息素养教育的实践范围。信息素养教育的最终目标是帮助用户将获取和处理的信息应用于解决实际问题和知识创新中。人工智能技术通过数据分析和可视化工具，使用户能够更直观地理解信息背后的规律和价值。例如，用户可以通过人工智能平台分析市场趋势、社会舆论或科研数据，并将结果转化为决策依据或研究报告。这种数据驱动的应用方式，使信息素养教育不再仅限于理论知识的传授，而是与实际应用深度结合，提升了教育的实用性。

人工智能技术还在信息素养教育的互动与协作环节中展现了独特价值。传统的信息素养教育往往以讲座和课堂教学为主，其互动性和协作性有限。而人工智能技术通过应用智能助手和虚拟学习环境，为师生互动和学习者之间的协作提供了更多途径。例如，基于自然语言处理技术的智能助手能够实时解答学习者的问题，为学习者提供专业建议或引导学习者完成学习任务；虚拟学习环境则通过模拟现实场景或构建团队任务，使学习者在合作中提高信息能力。这种互动与协作的增强，不仅使信息素养教育更加生动有趣，也为学习者提供了实践的机会。

人工智能与信息素养教育的结合，不仅提升了教育的效率和效果，也拓展了其内涵和外延。通过与人工智能在信息获取、处理、管理、应用等环节的深度融合，信息素养教育获得了新的动力，能够更好地适应现代信息社会的需求。随着人工智能技术的进一步发展，这种融合的可能性还将不断扩大，为用户和社会创造更多价值。

二、图书馆信息素养教育的智能化发展需求

图书馆信息素养教育的智能化发展需求在当代信息社会中显得尤为重要。随着信息技术的飞速进步，信息的获取、处理和应用方式发生了深刻变化，用户对信息服务的期望也在不断提高。传统的信息素养教育模式已经难以满

足用户的多样化需求，迫切需要引入智能化的技术手段和服务方式，以实现教育内容的深度优化和服务效率的全面提升。这种需求不仅来自技术发展的驱动，也源于用户对高效学习与知识管理的期待。

在信息资源的数量和复杂性持续增加的背景下，图书馆需要通过智能化手段帮助用户应对信息超载问题。用户在面对海量信息时，往往难以快速筛选出高价值内容。传统的手工检索和分析方法已无法满足高效率获取信息的需求。智能化的信息检索系统能够通过自然语言处理和语义分析技术，理解用户的实际意图，为用户提供更加精准的资源推荐。这种方式不仅提高了用户获取信息的效率，也降低了用户的学习和使用门槛，为更多人获取图书馆服务提供了可能。同时，动态更新的智能化资源平台可以根据最新的研究动态和社会需求，及时整合新信息，使用户能够随时获取前沿资源，保持学习与研究的时效性。

随着学习行为从线下逐渐转向线上，用户对图书馆信息素养教育的个性化需求日益突出。智能化教育能够利用大数据分析和用户画像技术，为有着不同背景和需求的用户设计个性化学习路径。用户的学习风格、兴趣偏好和知识水平被系统获取后，智能化平台可以动态调整教学内容和节奏，推荐最适合的学习资源和实践任务。这种个性化的教育方式，提升了用户的学习效果，提高了用户对图书馆服务的满意度。对于学习能力较弱或初学者，智能化教育还能通过逐步引导和任务分解，帮助学习者建立自信，使学习者更积极地参与学习。

随着数据在社会生活中的作用不断扩大，用户对数据处理与分析能力的需求日趋增长，信息素养教育也需向数据素养方向延伸。智能化教育能够通过数据分析工具和可视化工具，为用户提供数据处理的全流程支持。通过数据的采集与清洗，到分析模型的选择与应用，再到结果的可视化展示这一完整的流程，智能化工具能够帮助用户掌握数据的使用技巧，在多种情境中灵活应用数据。例如，在科研领域，用户可以通过数据分析发现潜在的研究问题；在企业管理中，用户能够利用数据支持市场决策，进行业务优化。对数据素养的培养，不仅是现代信息素养教育的重要补充，也成为智能化图书馆服务的关键方向。

智能化技术在提升教育效果的同时，也为信息素养教育的公平性提供了保障。地理位置、经济条件和文化背景的差异常常成为传统教育中难以克服的问题，而智能化平台能够通过互联网连接全球用户，实现优质教育资源的共享。

智能化技术为信息素养教育带来了全新的可能性，它贯穿于信息素养教育的各个环节，从信息获取到管理、从个性化学习到评估优化，每一环节都离不开智能化技术的支持。图书馆作为知识服务的核心机构，应主动拥抱技术变革，利用智能化手段重新定义信息素养教育的方式与内容。在未来的发展中，随着用户需求的不断变化，信息素养教育的智能化将进一步深化，为用户和社会提供更加高效、便捷和公平的知识服务。为了满足新的用户需求，图书馆需要不断提升服务能力，这将会提升社会整体的信息能力水平和知识创新潜力。

三、人工智能赋能信息素养教育的应用前景

人工智能赋能信息素养教育的应用前景展现出广阔的发展潜力和实践空间。在信息社会日益复杂的背景下，人工智能技术为信息素养教育注入了新的动力和活力，其多维度的应用不仅提升了教育的效率和效果，还推动了教育内容的创新与扩展。通过人工智能技术，信息素养教育能够更好地满足用户的多样化需求，服务于学习、工作和社会发展的方方面面。

传统的信息获取方式依赖于用户自身的经验和技能，而通过自然语言处理技术和深度学习，人工智能技术能够为用户提供更加智能化和个性化的检索体验。智能检索系统能够基于用户的兴趣、行为模式和历史记录，自动推

荐相关的学习资源和研究文献。这种智能推荐功能不仅提升了信息检索的效率，还帮助用户发现新的知识领域，为拓宽用户学习视野提供支持。人工智能还能够实时更新和优化检索算法，使系统能够适应不断变化的信息环境，为用户提供更加精准的实时服务。随着技术的不断进步，这种智能化的信息获取方式将成为信息素养教育的重要组成部分，成为用户进行信息学习和应用时的工具。

信息素养教育的核心目标之一是培养用户对信息进行批判性分析和综合处理的能力。然而，面对复杂的数据和信息环境，许多用户缺乏足够的时间和能力进行深入分析。人工智能技术能够通过文本挖掘、情感分析和语义识别，快速提取关键信息和隐含意义，帮助用户更好地理解和利用信息。例如，在学术研究中，人工智能系统能够帮助研究者分析大量文献，提取核心概念和研究趋势，从而加速研究进程。在社会问题的分析中，人工智能还能够处理大规模的舆情数据，为公共决策提供科学依据。这种基于人工智能的信息分析功能，为信息素养教育提供了强有力的技术支持，帮助用户应对复杂的信息环境带来的挑战。

随着信息数量的爆炸式增长，用户在获取信息后往往面临如何高效管理和整合的问题。人工智能技术通过智能分类、自动标注和知识图谱构建等手段，为信息管理提供了全新的解决方案。例如，基于人工智能的文献管理工具可以自动对文献进行主题分类和关键词提取，为用户生成结构化的知识框架。这种智能化的管理方式，不仅提升了信息利用的效率，也为知识的创造和创新活动提供了更坚实的基础。通过与信息素养教育的结合，人工智能技术能够帮助用户培养系统化的信息管理能力，为其在学习和工作中解决复杂问题提供保障。

传统的信息素养教育通常采用标准化的教学内容和方式，未充分考虑个体差异。人工智能技术赋能的信息素养教育能够通过用户画像、学习路径分析和动态课程生成，为每位用户量身定制学习计划。例如，对于学习能力较强的用户，系统可以提供高难度的任务和更深层次的资源，而对于初学者，则可以降低内容的复杂性并提供更多的指导。这种个性化的教育方式，不仅提高了用户的学习兴趣和参与度，也提升了教育效果。在未来，随着人工智能技术的进一步成熟，个性化信息素养教育将为每位用户提供更贴合需求的学习体验。

人工智能技术赋能的信息素养教育可以为用户提供虚拟学习环境和智能助手，用户能够与系统、教师和其他学习者进行多层次的互动，提升学习效果。例如，基于人工智能的虚拟学习环境可以模拟真实情境，帮助用户在实践中掌握信息技能。而智能助手则能够实时回答用户的问题，提供建议，甚至指导用户完成复杂的学习任务。这种协作与互动模式，使信息素养教育能够动态和灵活地进行，同时也为团队合作和社会化学习提供了新的可能性。在未来，人工智能将进一步推动信息素养教育的互动与协作创新，为用户构建更加开放和高效的学习生态。

未来，人工智能赋能信息素养教育的应用前景将随着人工智能技术的不断进步而更加广阔。通过信息获取、处理、管理、应用等环节的全面智能化，信息素养教育不仅能够提升用户的个人能力，还将为知识经济、社会治理和文化创新提供强大的支持。人工智能技术与教育的深度结合，将推动信息素养教育从传统模式向更加高效、精准和普惠的方向发展，为信息社会的全面发展注入新的活力。

第二章　图书馆信息素养教育中的人工智能应用场景

第一节　智能搜索技术与信息获取能力培养

一、智能搜索技术的基本原理与功能分析

智能搜索技术的基本原理建立在大数据和人工智能的基础之上。传统的关键词匹配检索方式以字符和词语的精确匹配为核心，而智能搜索技术通过深度学习算法和语义网络的支持，将检索从简单的文本匹配扩展到语义层次的理解。自然语言处理技术使得搜索系统能够解析用户输入的自然语言内容，从中提取核心意图，并将其与数据库中的内容进行关联。通过这种语义分析，即使用户输入的关键词并不明确或与目标信息完全匹配，系统仍能识别用户的真实需求。语义分析技术的使用不仅提升了搜索的准确性，还使得模糊查询成为可能，为用户提供了更好的使用体验。智能搜索技术的另一个关键组成部分是深度学习和机器学习算法的应用。这些算法对大量历史搜索数据和用户行为进行分析，不断优化检索模型，使系统能够根据不同用户的需求提供个性化的搜索结果。例如，基于用户的搜索历史、点击偏好和停留时间，

智能搜索系统能够自动调整搜索结果的排序，将最相关的信息优先呈现给用户。这种个性化推荐功能极大地提升了搜索效率，也为用户提供了更具针对性的资源。此外，通过深度学习，智能搜索系统能够不断适应新的数据和用户行为，保持搜索功能的动态更新与优化。

智能搜索技术还通过构建知识图谱，为信息检索提供了更直观和系统化的支持。知识图谱是一种将信息以节点和关系的形式可视化呈现的技术，它能够将分散的信息整合为有机的知识网络。在智能搜索中，知识图谱的作用主要体现在信息结构化和语义关联的展示上。当用户查询某一主题时，智能搜索系统不仅能展示相关的资源，还能够展示与该主题相关的上下文信息和多维度关系。例如，用户在搜索某一历史事件时，知识图谱可以同时呈现该事件的时间线、相关人物以及背景资料。这种多层次的信息展示方式，不仅能帮助用户深入理解主题，还能为其了解相关知识提供便利。智能搜索技术还拥有对实时信息和多源信息的整合能力。在当下这个信息快速更新的时代，用户对兼具实时性和全面性的信息的需求越发迫切。智能搜索技术通过实时爬取和分析网络信息，能够将最新的动态内容纳入检索范围。例如，在搜索新闻时，系统能够即时呈现关于某一事件的最新报道，同时结合历史数据和背景信息，帮助用户全面了解事件的前因后果。在多源信息整合方面，智能搜索技术具备跨平台整合数据能力，可以将不同来源的内容统一展现在用户面前。无论是学术文献、媒体报道还是多媒体资源，都可通过智能搜索技术以统一的格式进行检索和展示。这种整合能力极大地方便了用户，减少了用户在不同平台之间切换的时间成本。

智能搜索技术还具备高度的互动性，为用户提供了更灵活的检索体验。传统搜索方式通常是单向地提供信息，而智能搜索技术通过对话式界面和动态调整功能，实现了与用户的实时互动。例如，使用基于自然语言处理的智能搜索系统时，用户可以像与真人对话一样输入查询，系统会根据用户的提问实时调整搜索策略，并提供逐步引导。这种互动性使得搜索过程更加流畅，同时也为用户在信息检索中的学习和探索提供了支持。智能搜索技术的另两项重要功能是语音搜索和多模态搜索。随着语音识别技术的成熟，语音搜索逐渐成为信息检索的新方式，用户可以通过语音输入实现快速查询。相比文本输入，语音搜索更加直观和便捷，尤其适用于移动设备或特定场景。多模态搜索指通过整合图像、音频和文本等多种媒介的检索能力，使用户能够以多样化的方式获取信息。例如，用户上传一张图片，智能搜索系统可以识别图像内容并提供相关的文本资料或其他多媒体资源。这种多模态搜索的功能，为信息获取带来了更多可能性，也进一步丰富了信息素养教育的教学资源。

在图书馆信息素养教育中，智能搜索技术的应用为用户提供了全新的学习和探索方式。智能搜索技术，不仅能够使用户快速获取所需资源，还能够培养用户更高水平的信息检索和分析能力。系统的个性化推荐功能和实时互动体验，使用户在信息获取过程中能够始终保持高效和愉悦的体验。同时，知识图谱和多模态搜索的加入，也为信息素养教育提供了多维度的教学内容和实践案例。随着智能搜索技术的不断发展，其在图书馆服务和信息素养教育中的应用前景将更加广阔，为信息获取能力的培养持续注入动力。

二、人工智能驱动的信息检索与信息获取能力的提升

人工智能驱动的信息检索技术正在彻底改变信息获取的方式，为提升用户的信息获取能力提供了新的途径。在信息资源日益丰富和复杂化的时代，人工智能通过自然语言处理、机器学习和语义分析等核心技术，使信息检索更加智能化、精准化和高效化，为图书馆信息素养教育注入了新的动能。这种技术驱动的变革不仅满足了用户对高效信息获取的迫切需求，也使得信息素养教育的内容和方法更加多样化，推动了用户学习方式的转型。

人工智能在信息检索中的应用使得检索系统能够理解用户意图，为用户信息获取能力的提升奠定了基础。传统的信息检索依赖于用户输入的关键词，

检索结果的质量很大程度上取决于关键词的选择和搜索策略。这种模式存在局限性，尤其是在用户对检索主题认识模糊或无法准确描述时，会导致检索结果的相关性较低。人工智能通过自然语言处理技术，能够解析用户输入的复杂语句和模糊表达，从中提取核心需求，并匹配与之最相关的资源。例如，当用户提出开放性问题时，人工智能系统可以通过分析问题的上下文，为用户推荐具有潜在关联的高质量信息。这种对用户意图的精准把握，使得信息检索更加高效。人工智能还通过深度学习技术不断优化检索算法，使信息获取过程更加智能化。深度学习模型基于大量的用户行为数据进行训练，可以从海量信息中发现行为模式和规律，从而预测用户需求并调整检索策略。通过这种方式，人工智能能够动态调整结果排序，将最符合用户需求的内容优先呈现。这种优化不仅显著提升了检索效率，也增强了用户体验。例如，在电子书推荐系统中，深度学习模型能够根据用户的阅读历史和偏好，推荐个性化的书目和资料，这种个性化功能为用户提供了更具针对性的学习资源。随着模型训练数据的不断积累，人工智能的预测能力和推荐准确性也会进一步提升，为用户提供持续优化的服务。人工智能技术还在跨语言检索中展现了重要价值，为用户信息获取能力的提升提供了新的路径。在全球化的背景下，用户对多语言信息的需求日益增加，但传统检索方式常常因语言障碍限制了信息的获取途径。人工智能通过机器翻译和语义匹配技术，能够实现跨语言的精准检索，帮助用户在不同语言环境中获取相关信息。

人工智能在信息检索中的应用还极大地增强了检索结果的实时性和动态性，能够快速响应用户的信息需求。在当前这个信息快速更新的环境中，用户需要在短时间内获取最新的动态信息，人工智能驱动的实时检索技术能够即时捕捉和处理新数据，满足用户的需求。例如，在对新闻事件或市场趋势分析时，人工智能系统能够实时跟踪信息的变化，并根据用户的关注点提供更新的资源。这种动态响应能力不仅提升了用户处理信息的时效性，也使信息检索成为一种更加灵活的工具，能够随时满足用户的多样化需求。

人工智能在信息检索中的应用为信息素养教育带来了重要启示和实践价值。在教育过程中，人工智能驱动的信息检索技术能够帮助用户更好地掌握检索工具的使用方法，培养用户的信息分析和应用能力。例如，通过与人工智能系统的交互，用户可以学习如何优化检索策略、评估信息质量以及利用多模态资源解决实际问题。这种教育方式不仅提升了用户获取信息的能力，还增强了用户在复杂信息环境中的适应性和竞争力。此外，人工智能技术的引入还为信息素养教育的个性化教学提供了技术支持。

三、智能搜索技术在图书馆信息服务中的应用案例

智能搜索技术在全球众多顶尖图书馆中得到了广泛应用，这些应用充分展示了智能搜索技术如何革新传统的信息服务模式。在美国加利福尼亚大学伯克利分校的图书馆，一项针对文献检索的技术升级项目引人注目。该项目借助自然语言处理和语义分析技术，大幅提升了用户的检索体验。当用户输入复杂语句或模糊关键词时，系统能够深入解析用户的查询意图，并快速匹配相关资源。这一智能化的检索方式，减少了用户对技术知识的依赖，同时显著提高了学术研究和学习的效率。

在北美，纽约公共图书馆通过引入智能搜索技术改进了历史档案的检索服务。利用光学字符识别和自然语言处理技术，该系统对历史文献进行全面数字化，使用户可以快速定位到档案中的具体内容。并且，该系统支持图片上传功能，用户可通过扫描历史手稿或影像资料，获取与之相关的数字化文献。这种功能在历史研究和文化传播领域展现了极大的价值，为普通用户和专业研究者提供了无与伦比的便利。

多伦多公共图书馆将智能搜索与语音助手功能相结合，为特殊用户群体提供了无障碍服务。通过语音输入，视障用户可以快速获得资源推荐和馆藏信息。这种服务方式极大地拓展了图书馆的覆盖范围，使不同背景和需求的

用户都能平等享受信息服务。这一创新案例表明，智能搜索技术不仅注重效率，更注重包容性和社会价值。

英国牛津大学图书馆在智能搜索技术的应用上开辟了独特路径，将这一技术集中应用于增强馆藏资源的语义关联功能。通过引入知识图谱技术，该图书馆将学术资源、历史文献和多媒体内容整合到统一的平台中。用户查询某一主题时，系统以网络图的形式呈现与主题相关的概念、背景和研究方向，展示出知识点之间的复杂关联。这种方法不仅为学术研究者提供了全面的知识支持，也为探索性学习开辟了全新途径。

芬兰赫尔辛基大学图书馆的开放教育资源整合平台则专注于教育领域的服务优化。通过智能搜索技术，图书馆将不同来源的教学资源汇聚到同一平台，为师生提供全方位的学习支持。该系统还会根据用户的学习行为动态推荐最相关的课程和学习材料，自学者和正式的学术课程参与者都能通过该系统得到有效的支持。这种服务模式不仅提升了教育资源的利用效率，也彰显了智能搜索技术在教育公平领域的独特贡献。

澳大利亚昆士兰大学图书馆的跨学科资源整合平台展现了智能搜索技术在科研支持中的潜力。通过整合气象学、生态学和社会学等多个学科的文献和数据，该平台实现了多领域知识的有机交叉。一名研究气候变化的科学家能够通过单一入口访问多学科资源，形成完整的研究框架。这种跨学科的智能搜索方案，为学术创新提供了有力保障，也推动了科研效率的提升。

新加坡国家图书馆的智能化馆藏导航系统成为区域图书馆智能服务的标杆之一。这一系统的核心功能在于个性化资源推荐，即通过对用户行为数据的实时分析，生成精准的资源列表。例如，对东南亚文化感兴趣的用户在访问系统时，会收到书籍、期刊和多媒体资源的定制化推荐。这种细致的服务，提升了图书馆资源的利用率。

中国国家图书馆通过开发国家数字图书馆搜索平台，将智能搜索技术应用于多语言资源的精准检索。平台依托深度学习模型和语义检索算法，支持中文、英文、法文等多语言查询，并通过机器翻译技术提供全球范围内的资源检索服务。用户能够在短时间内获取跨语言和跨文化的相关信息，从而在学术交流和国际合作中占据优势地位。这一平台在推动信息资源共享和信息服务国际化方面起到了积极作用。

这些具体案例以及多样化的应用场景，充分体现了智能搜索技术在现代图书馆信息服务中的革命性作用。从学术支持到文化保护，从教育资源整合到无障碍服务，智能搜索技术的深度嵌入，正在不断重塑图书馆的功能和定位，也为用户带来了更具深度和广度的信息获取体验。未来，随着人工智能技术的进一步演进，这些案例所展示的服务模式和技术理念将在更广泛的领域中得到推广，为全球知识服务注入更多创新的动力。

第二节　信息素养教育课程中的人工智能支持

一、人工智能技术辅助信息素养教育课程开发

人工智能技术在信息素养教育课程开发中展现出显著的辅助作用，为课程的设计、实施和优化提供了全方位支持。随着人工智能技术的不断发展，其强大的数据分析、内容生成和个性化推荐能力，为教育课程的开发注入了新的可能性，使信息素养教育更加贴合时代需求。通过应用人工智能技术，信息素养课程能够更加精准地定位用户需求，高效地整合教育资源，并动态调整教学策略，为用户提供高质量、个性化的学习体验。

人工智能技术在信息素养教育课程开发中的一个关键应用是需求分析与课程设计。传统的需求调研和课程规划方式往往耗时且依赖开发方的经验判断，而应用人工智能技术的信息素养教育可以根据学习者的具体背景、知识

水平和学习目标，量身定制课程内容。通过大数据分析和用户画像技术，能够全面捕捉学习者的行为模式、兴趣偏好和学习习惯，为课程开发提供数据驱动的科学依据。例如，人工智能系统可以分析图书馆用户的借阅记录、数据库使用情况和搜索历史，从中提取出学习者的知识需求和知识盲点。这些数据为课程设计提供了精准的参考，使课程内容能够更好地满足学习者的个性化需求。此外，通过自然语言处理技术，人工智能还能够快速处理来自调查问卷、用户反馈和学习日志的非结构化数据，进一步丰富需求分析的维度。

在课程内容的生成和整合方面，人工智能技术同样发挥了重要作用。信息素养教育课程往往需要大量的教学资源，包括文本资料、视频资料和实践案例，而这些资源的搜集、筛选和整合是一个复杂而耗时的过程。知识图谱、智能推荐和自动整合等技术，为课程资源的开发提供了全新的工具支持。知识图谱技术能够将分散的知识点系统化地整合为有机的知识网络，为课程开发者提供清晰的内容框架。例如，在设计关于信息检索的课程时，知识图谱可以将检索工具的功能、使用方法和实际应用案例以结构化的形式呈现，为课程内容的组织和呈现提供依据。智能推荐技术则可以根据学习者的需求和兴趣，为课程开发者自动筛选和推荐最相关的资源，大幅提升资源整合的效率和质量。此外，通过自然语言生成技术，人工智能还能够辅助生成教学文本、测试题目和学习案例，帮助课程开发者在短时间内开发出高质量的教学内容。

人工智能技术在信息素养教育课程开发中的另一重要应用是设计个性化教学方案。以传统的课程开发模式产出的信息素养教育课程通常采用统一的教学内容和教学节奏，难以兼顾学习者的个体差异，而通过自适应学习技术，能够动态调整课程内容和教学方式，使课程更加贴合每位学习者的需求。例如，在人工智能驱动的课程平台中，系统可以根据学习者的知识基础和学习进度，自动调整教学内容的难度和广度，为不同学习水平的用户提供量身定制的学习路径。例如，对于刚接触信息素养教育的初学者，课程会教授基本的检索工具使用和简单的信息分析技能，而对于有一定基础的学习者，课程会提供更深入的内容，如高级检索策略和复杂数据分析方法。

人工智能技术还在信息素养教育课程开发的实施与评估环节展现了重要价值。在课程实施中，通过使用虚拟教学助手和智能交互系统，可为学习者提供实时支持。在课程评估中，通过引入学习分析技术，可对学习者的行为数据和学习成果进行多维度的分析。例如，系统可以监测学习者在课程学习中的时间分配、学习路径和知识掌握情况，并通过数据挖掘技术识别出学习者在学习过程中的薄弱环节。这些分析结果可以为课程开发者提供改进教学内容和方法的科学依据，使课程能够不断优化和完善。

人工智能技术在课程开发中的另一个显著应用是跨平台资源整合和开放式课程的创建。随着在线学习平台的普及，信息素养教育课程需要整合来自不同平台和渠道的资源，为学习者提供更加全面和多样化的学习内容。引入语义分析和数据整合技术，能够跨越平台和领域，将不同类型的资源整合为一体，为课程开发提供更加多样的资源支持。例如，课程开发者可以将图书馆馆藏资源、在线课程平台的教学视频以及社交媒体的热门讨论主题整合到同一课程框架中，为学习者提供更丰富的学习体验。人工智能技术还能够支持开放式课程的开发，使更多学习者能够通过在线平台免费获取高质量的信息素养教育内容，从而推动教育的普惠化。

人工智能技术的引入不仅为信息素养教育课程开发提供了技术支持，也在一定程度上重新定义了课程开发的理念和方法。通过智能化的需求分析、资源整合和个性化教学，人工智能使课程开发从传统的经验导向转向数据驱动和科学决策，提升了课程设计的精准性和科学性。同时，人工智能技术还增强了课程开发的灵活性和可扩展性，使课程能够更快速地适应用户需求的变化和技术环境的更新。这种技术与教育的深度融合，不仅为信息素养教育的课程开发提供了全新的可能性，也为用户在信息社会中的学习和发展创造了更广阔的空间。随着人工智能技术的进一步发展，人工智能在信息素养教育课程开发中的应用前景将更加广阔，为教育的创新性发展注入更多动力。

二、个性化学习路径设计中的智能技术应用

个性化学习路径设计是信息素养教育中一个备受关注的方向，而智能技术的引入为这一设计提供了前所未有的可能性。通过大数据分析和自适应学习算法的支持，个性化的学习路径不仅可以更精准地满足学习者的需求，还能显著提升学习者的学习效率和学习体验。智能技术为个性化学习路径的设计提供了从数据采集、分析到动态调整的全流程支持，使得学习者在信息素养教育中能够获得更加契合自身需求的学习方案。

对于个性化学习路径的设计，大数据分析是一个核心技术。通过对学习者行为数据的采集和分析，智能系统能够全面了解学习者的学习习惯、兴趣偏好和能力水平。这些数据包括学习者的阅读记录、搜索行为、课程完成情况以及学习时间分布等。通过综合分析这些数据，智能系统能够精准判断学习者的知识基础和学习需求，为其设计符合个人特点的学习路径。

自适应学习算法是实现个性化学习路径设计的关键技术之一。通过这一算法，学习路径能够根据学习者的实时表现进行动态调整。在学习过程中，学习者可能会遇到某些难以掌握的知识点，也可能在某些领域表现出超出预期的理解能力。自适应学习算法通过实时监测学习者的表现，识别其学习中的瓶颈和优势，并自动调整学习内容和学习进度。例如，当系统检测到学习者在某些章节的测试中多次出错时，可以为学习者推荐相关补充材料和额外习题；当学习者快速通过某些模块时，系统可以直接跳过相似内容，推荐更高阶的学习资源。这种动态调整机制，使学习路径设计不再是静态的，而是能够实时适应学习者的需求差异。

自然语言处理技术在个性化学习路径的设计中也扮演了重要角色。通过这一技术，学习者可以通过自然语言直接与系统交互，表达自己的学习需求

和疑问。系统能够根据这些输入内容，实时分析学习者的目标和困惑，并为其推荐最适合的学习路径。例如，学习者在输入“如何使用数据库进行高级检索”这一问题后，系统可以解析其中的关键需求，并为其推荐相关的课程、视频教程或实践案例。将自然语言处理技术引入个性化学习路径的设计，能让学习者感受到更自然的交互体验，还大幅降低了学习需求表达的门槛。

智能推荐技术也是个性化学习路径设计中不可或缺的一部分。这一技术能够基于学习者的历史数据和相似用户的行为，为学习者推荐最相关的学习资源。推荐内容不限于课程本身，还包括书籍、论文、工具软件以及实践任务。例如，一名在信息检索模块表现出色的学习者，可能会收到系统推荐的更深入的学习资源，例如数据挖掘工具的使用教程或信息可视化技术的实践案例。这种基于智能推荐的个性化学习路径设计，帮助学习者在完成基础内容后能够更快进入更高层次的学习阶段，在短时间内取得更大的进步。

将人工智能技术引入个性化学习路径的设计中，可实现跨平台资源整合，为学习者提供一站式的学习服务。学习者所需的学习资源往往分散在不同平台中，例如在图书馆的电子信息资源、在线教育平台的课程以及专业论坛的讨论内容中。通过智能技术的支持，智能系统能够整合这些分散的资源，为学习者生成一个统一的学习路径。这种整合式的个性化学习路径设计，可以提升学习资源的利用效率，为学习者节省大量时间和精力。

人工智能技术还为个性化学习路径的设计中的评估和反馈机制提供了支持。在学习过程中，评估是了解学习者进展的重要手段，通过学习分析和数据挖掘等技术，智能系统能够实时评估学习者在不同阶段的表现，并为学习者和教育者提供详细的反馈报告。例如，系统可以生成学习者的知识掌握地图，标记出其已掌握和未掌握的内容，帮助学习者更加有针对性地调整学习路径。这些评估数据也为课程开发者提供了优化课程内容的科学依据，形成学习路径设计的良性循环。

进行个性化学习路径的设计时，还能够通过智能技术实现社会化学习的整合。现代学习者的需求不仅局限于独立学习，还包括获得与他人进行协作和交流的机会。智能系统能够根据学习者的需求和兴趣，为其推荐合适的学习小组或讨论社区。例如，一名正在接受信息素养教育的学习者，可能会被推荐加入一个以数据库检索技巧为主题的学习小组，与其他有相似学习目标的用户共同学习和交流。这种社会化的学习路径设计，不仅增强了学习者的参与感，也为其提供了从多角度理解知识的机会。

在个性化学习路径设计中应用智能技术，为信息素养教育带来了深刻的变革。通过数据分析、自适应学习、自然语言处理、智能推荐和跨平台资源整合等多种技术手段，学习路径的设计实现了从静态到动态、从单一到多元的转型。这种技术驱动的个性化学习路径设计，不仅提升了学习的效率和效果，还为学习者创造了更加贴合需求和兴趣的学习体验。随着智能技术的不断进步，个性化学习路径的设计将更加灵活，为信息素养教育的进一步发展注入更多活力和可能性。

三、智能化教学资源的动态更新机制

智能化教学资源的动态更新机制在信息素养教育中扮演着至关重要的角色。随着知识的快速更新和用户需求的不断变化，传统的静态教学资源已难以满足教育对实时性和灵活性的要求。人工智能技术的引入，为教学资源的动态更新提供了全新的解决方案，使教育内容能够紧跟学科发展前沿并满足多样化的学习需求。通过人工智能技术的支持，动态更新机制能够实现教学资源的自动采集、内容优化和实时发布，保障教育资源的质量和时效性，为学习者提供更高效的学习体验。动态更新机制的核心在于自动化的资源采集和整合。通过人工智能技术驱动的网络爬虫和信息抓取技术，系统能够实时扫描海量的互联网数据源，从学术期刊、在线教育平台、专业论坛和开放数据库中自动提取与信息素养相关的最新学习资源。这些资源包括最新发布的研究论文、教学案例、视频教程和多媒体材料等。采集到的资源经过智能化的分类和标注，能够根据主题、学科领域和适用场景进行结构化整合，生成面向不同学习者需求的教学模块。例如，系统可以为图书馆信息检索课程自动更新包含最新数据库使用指南的教学材料，为学习者提供始终处于行业前沿的学习内容。

内容优化是动态更新机制中的另一个关键环节。教学资源的有效性不仅取决于内容的时效性，还与内容的组织和表达方式密切相关。通过引入自然语言处理技术和机器学习算法，可对采集到的资源进行深度分析和优化，提升教学资源的有效性。例如，系统可以提取长篇学术文章的内容摘要，将核心内容提炼为简洁的学习要点；对视频教程中的关键部分进行标注，方便学习者快速定位重点；甚至能够根据用户的学习习惯和认知水平对资源进行重组，以便更好地适配学习需求。此外，通过数据挖掘和用户行为分析，系统能够识别哪些资源最受欢迎或使用频率最高，并据此优化资源的呈现方式和推荐策略，从而提升教学资源的实际使用效果。实时发布是动态更新机制不可或缺的一部分，它确保最新的教学资源能够迅速到达学习者手中。在传统的教育资源更新过程中，从内容采集到发布通常需要耗费大量时间，导致学习者难以及时获取最新知识。而通过人工智能支持的实时发布系统，教学资源能够在生成后第一时间被推送到用户终端。例如，当某一重要数据库的检索方法发生更新时，系统会自动生成相关的教学视频或操作指南，并通过图书馆平台或学习应用程序向用户发布。这种实时发布机制不仅增强了教学资源的时效性，还为学习者提供了快速应对变化的能力。

在动态更新机制的支持下，教学资源还能够实现与学术研究和行业实践的深度融合。例如，对于数据科学和人工智能等快速发展的领域，教学资源的更新速度直接影响教育效果。通过动态更新机制，系统能够实时捕捉行业最新技术应用和学术研究成果，并将其转化为适合教学的案例和教程。学习者不仅能够学习到最新的理论知识，还能了解这些知识在实际问题中的应用方式，掌握的知识具有实践性和职业相关性。动态更新机制的应用也显著提升了教学资源的可持续性和长期价值。在传统资源管理中，更新过程往往伴随着资源的淘汰或冗余，而动态更新机制通过智能化的资源管理策略，实现了资源的有效利用和持续优化。例如，系统能够对使用率较低或内容过时的资源进行自动标记，并根据数据分析结果决定是对资源进行更新还是将其移除。这种动态管理方式，不仅确保了资源库的高效运行，还为教育机构节省了大量的时间和成本。

智能化教学资源的动态更新机制为信息素养教育带来了深远的影响。这一机制通过自动化采集、内容优化、实时发布等功能，大幅提高了教学资源的时效性、适配性和使用效率，为学习者提供了更加全面和灵活的学习支持。在未来，随着人工智能技术的进一步发展，动态更新机制将能够处理更大规模的资源、更复杂的内容和更多样化的学习需求，为信息素养教育的创新和推广提供持久动力。

第三节　基于人工智能的校园阅读推广与智能评价体系

一、校园阅读推广的智能化模式探索

校园阅读推广的智能化模式探索已经成为信息素养教育的重要组成部分。在现代教育环境中，阅读不仅是获取知识的重要手段，也是培养学生综合素养的关键环节。然而，传统的阅读推广模式在内容推荐、激发学生兴趣和阅读效果评估方面存在诸多局限。人工智能技术的引入，为校园阅读推广提供了新的思路和工具，使得阅读活动能够更加精准、个性化和高效地服务于学生的成长需求。

智能化阅读推荐系统是当前校园阅读推广智能化模式中的一项核心应用。这类系统通过大数据分析和机器学习技术，能够深入挖掘学生的阅读兴趣、学习习惯和个性特征，进而生成个性化的书单推荐。系统分析学生的阅读历史、借阅记录以及课程需求后，可以优先推荐最符合其兴趣和学科目标的书籍或文章。例如，某些学生可能对历史感兴趣，系统会为其推荐相关的历史小说、传记或学术书籍；而对于偏好科幻或冒险题材图书的学生，推荐内容则更加贴合其兴趣。这种个性化推荐模式，不仅能帮助学生高效获取有价值的阅读资源，也极大地提高了他们的阅读兴趣和参与度。

校园阅读推广活动通过引入智能化的活动策划和管理工具，促进了活动的多样化和灵活性。例如，在举行校园图书馆的阅读推广活动时，智能系统可以根据学生的年龄层次、兴趣偏好，以及对应的节日主题，设计并推送相关的活动方案。系统能够自动生成书籍主题展示、读书沙龙、写作比赛或线上阅读挑战等活动，并通过移动终端及时通知学生参与。这种智能化的活动策划方式，可帮助学校和图书馆更加高效地组织资源，同时确保活动内容能够覆盖到更多学生群体，进一步扩大阅读推广的影响力。

在阅读内容的整合和展示方面，人工智能技术提供了丰富的支持。知识图谱和多模态数据整合技术，使得阅读内容的组织和呈现更加直观和系统化。例如，在推广经典文学作品时，知识图谱可以将作品的背景、作者生平、相关评论和衍生作品整合到同一平台，学生通过点击图谱中的节点即可深入了解某一内容。多模态展示技术则可以通过音频、视频和图片的结合，为学生提供更具吸引力的阅读体验。例如，通过播放经典段落的朗读语音、展示相关影像资料或播放配乐，可以让学生从多角度感受文学作品的魅力。这种多样化的内容呈现形式，不仅能激发学生的阅读兴趣，还能增强他们对阅读内容的理解和记忆。

智能化校园阅读推广模式的另一亮点是交互式学习环境的创建。借助人工智能技术，学校可以打造虚拟阅读助手或在线讨论社区，为学生提供实时互动和协作的机会。例如，虚拟阅读助手能够解答学生在阅读过程中遇到的问题，如解释复杂的文学概念或推荐与当前阅读内容相关的资源。而在线讨论社区则为学生提供了一个分享和交流的空间，学生们可以在这里表达自己的阅读心得、提出问题或参与讨论。这种互动性强的学习环境，增强了学生的参与感，同时也促进了学生批判性思维和语言表达能力的提升。

在校园阅读推广的评价环节，通过引入数据分析和智能评估工具，可实现对学生阅读效果的全面监测和科学反馈。例如，阅读进度跟踪系统能够记录学生阅读每本书的时长和频率，并通过分析这些数据生成个性化的阅读报告。报告中不仅包含阅读量和阅读习惯的统计信息，还能够结合学生的课程表现或考试成绩，分析阅读活动对其学业发展的具体影响。这种量化的评价方式，为学校和教师提供了制订阅读计划和调整教学策略的依据。同时，学生也能够通过阅读报告了解自己的阅读状况，从而更好地规划未来的阅读目标。

人工智能技术在校园阅读推广中的应用还进一步推动了阅读资源的共享和普及。通过智能化平台，学校可以整合馆藏资源、电子书平台以及在线课程等多种渠道的资源，为学生提供丰富的阅读选择。平台还可以根据用户需求动态更新资源，确保学生始终能够接触到最新、最优质的阅读内容。例如，一些学校通过引入在线阅读平台，为学生提供开放式的阅读环境，学生可以随时随地通过移动设备访问平台中的书籍和文章。这种资源共享模式，不仅提高了学生的阅读便利性，还有效缩小了地域间的教育资源差距，为实现教育公平做出了贡献。

在智能化模式的支持下，校园阅读推广不再是单一的书籍推荐活动，而是涵盖了个性化推荐、内容展示、交互学习和科学评估等多维度的一体化体系。这种新模式充分利用了人工智能的技术优势，使校园阅读推广能够更深入地融入学生的学习和生活中，为学生的全面发展提供了重要支持。随着人工智能技术的不断进步，智能化校园阅读推广模式将变得更加成熟和完善，为信息素养教育注入更多的创新活力，也为探索未来的教育模式提供了宝贵经验。

二、智能评价体系的构建原则与应用

智能评价体系的构建在校园阅读推广中具有重要意义。通过人工智能技术的支持，这一体系能够科学、全面地评估学生的阅读行为与学习效果，为学校、教师和学生提供数据化、个性化的指导。在评价体系的设计与应用过程中，需坚持多维度、动态化、科学性与公平性等原则，以确保评价结果的准确性和实际应用价值。多维度的评价原则是智能评价体系的核心之一。阅读活动的评价不仅涉及对阅读量的衡量，还包括对阅读质量、阅读兴趣和阅读影响力的综合评估。系统通过数据采集与分析，能够同时关注学生在阅读数量、阅读内容难度、主题广度等方面的表现。例如，通过分析学生的阅读记录，系统可以统计其阅读的书籍总量、阅读时长以及涉及的学科领域。同时，通过文本分析技术，系统能够评估阅读内容的深度与复杂性，进而判断学生是否在挑战高于自身阅读水平的内容。此外，系统还可以通过学生对推荐书籍的选择、撰写的书评和参与讨论的活跃程度，了解其阅读兴趣与参与度。这种多维度的评价方式，不仅能够评估反映学生的阅读行为，还为制订更具针对性的阅读计划提供了科学依据。

动态化是智能评价体系的重要特性。传统的阅读评价通常基于固定时间点的数据采集，而智能评价体系通过实时监测与分析数据，能够动态追踪学生的阅读进展。例如，系统可以记录学生在阅读活动中的每一个阶段，从选择书籍到完成阅读再到撰写书评的每一个阶段，每一步都会被精确追踪。这种实时的动态数据不仅能帮助教师及时调整教学策略，也为学生带来了即时的反馈与激励。例如，当系统发现某一学生在完成某类主题图书的阅读时速度较快，且撰写的书评质量较高，会为其推荐更高难度或相关领域的书籍，帮助其拓展阅读深度与广度。

科学性是智能评价体系准确有效的基础。通过引入大数据分析与机器学习算法，系统能够从海量数据中挖掘规律，为阅读行为的评价提供科学支撑。例如，通过对学生阅读数据与学习成绩的关联分析，系统可以揭示阅读习惯对学习表现的具体影响，并为不同背景的学生设计个性化的阅读路径。此外，情感分析技术也可以用于对书评或阅读反思的自动化评价，通过分析学生在文字表达中的情感倾向，了解其阅读体验。这些基于数据的科学性分析，使阅读评价结果更具说服力，避免了传统评价中可能存在的主观偏差。

公平性原则在智能评价体系中同样至关重要。学生的阅读能力通常受到家庭背景、地域条件与个人兴趣等多种因素的影响，评价体系的设计应充分考虑这些差异，为学生提供公平的评价标准。例如，系统可以根据学生的起点与进步幅度进行动态调整，将努力程度与学习态度纳入评价范畴。对于教育资源匮乏地区的学生，系统可以通过开放式资源平台提供免费且高质量的阅读资源，并将其利用情况纳入评价体系，确保所有学生在相同的基础上接受评价。此外，系统可以通过隐私保护等措施，确保评价数据的使用符合伦理要求，不因技术偏见或数据偏差对某些群体产生不公平的影响。

智能评价体系在实际应用中为阅读推广提供了多层次的支持。对于学校管理者，评价结果能够作为制定阅读政策与规划的重要参考。例如，通过分析全校学生的阅读参与率与偏好，学校可以调整图书馆的藏书结构，购入受学生欢迎的书籍，或组织更多与学生兴趣契合的阅读活动。对于教师而言，智能评价体系能够帮助其精准掌握学生的阅读状况，并根据评价数据调整教学策略。例如，当发现某一学生在阅读进度上明显落后时，教师可以根据系统推荐的资源为学生提供额外帮助；而对于表现优异的学生，则可以通过分配更高层次的阅读任务进一步激发其潜力。对于学生，智能评价体系提供了明确的阅读目标与即时的反馈激励。例如，系统可以通过可视化的方式展示学生的阅读进展，通过图表显示其每周阅读量、书评得分等数据。这种直观的展示不仅能增强学生的成就感，还帮助学生明确自身的优势与不足。此外，系统还可以通过设定阅读挑战或奖励机制，激发学生的阅读兴趣。例如，学生完成一定量的阅读任务后，可以解锁新的书籍推荐或参与特别的读书活动，从而在阅读中获得更多乐趣与动力。

智能评价体系的构建与应用为校园阅读推广带来了深刻的变革。通过采用多维度、动态化评价模式，贯彻科学性与公平性原则，智能评价体系不仅能够准确反映学生的阅读行为与效果，还能够为教育决策与教学实践提供强有力的数据支持。随着人工智能技术的不断进步，智能评价体系将进一步优化和完善，为学生的全面发展和校园阅读推广的深入开展创造更多可能性。

三、阅读推广与学习效果评估的智能化实践

阅读推广与学习效果评估的智能化实践正在校园教育中得到广泛应用，并逐步成为推动学生全面发展的重要手段。人工智能技术的引入，使得阅读推广和学习效果评估从传统的静态模式向动态、精准和个性化的方向发展，为学生提供了更丰富的阅读资源、更科学的评估方法和更有针对性的学习指导。这种智能化的实践不仅优化了阅读活动的组织与实施，还为教育者提供了更加深入的数据支持，促进了教育质量的整体提升。阅读推广活动的智能化实践通过多种技术手段，赋予了传统活动更多的灵活性和吸引力。智能推荐系统基于学生的兴趣、阅读习惯和学习目标，为其推荐个性化的书籍和其他阅读材料。系统利用机器学习算法分析学生的借阅记录、书评内容和学习进度，动态调整推荐策略。例如，对喜欢科幻类读物的学生，系统不仅可以推荐经典的科幻小说，还能够提供与其兴趣相关的科普文章或相应科学领域的研究文章。这种动态化的推荐方式，让学生接触到更多的阅读内容。

在阅读推广活动中，利用人工智能技术，学校可以更加有针对性地设计阅读竞赛、书籍展览或读书沙龙等活动。例如，在举办针对某文学主题的读

书会时，系统可以为不同年级的学生推荐与其语言能力和知识背景相适配的书目，使活动的吸引力更强。活动结束后，系统还可以根据参与者的反馈和行为数据优化未来的活动设计，形成阅读推广的良性循环。

在学习效果评估的智能化实践中，通过对学生书评、阅读笔记或在线讨论内容的语义分析，系统能够评估学生情感倾向和认知深度。例如，当学生在书评中多次使用积极评价词汇，系统可以判断该阅读内容引发了其积极的情感体验；对于复杂问题的深入分析或批判性思考，可以反映学生的高阶认知能力。这样的评估方式帮助教育者更好地了解学生在阅读中的情感变化与思维水平，从而更有针对性地引导和激励学生。

阅读推广与学习效果评估的智能化实践为教育活动注入了新的活力。通过个性化推荐、实时互动、多维度评估，人工智能技术使阅读活动更加贴近学生需求，同时为教育者提供了进行科学决策的数据支持。这种技术驱动的实践不仅优化了教育过程，也为学生的全面发展提供了重要保障。随着人工智能技术的不断演进，在这一领域的智能化实践将继续深化，为校园阅读推广与学习评估带来更多的可能性。

第三章　图书馆信息素养教育模式的智能化转型

第一节　图书馆服务模式向智能教育模式的转型

一、传统图书馆服务模式的局限性

传统图书馆服务模式在长期的发展中为知识传播和文化保存做出了重要贡献，但在信息技术飞速发展的时代，这一模式的局限性也日益显现。传统图书馆服务模式以资源的收藏和管理为核心，注重提供标准化的借阅服务和参考咨询。然而，随着信息需求的多样化、复杂化和即时化，传统模式在满足现代用户需求时面临诸多挑战。人工智能技术的出现为图书馆提供了转型的契机，使其能够从单一的服务提供者转变为多功能的教育支持平台。

传统图书馆服务模式的局限性首先体现在资源的获取和利用效率较低上。尽管大多数图书馆都积累了丰富的馆藏资源，但传统模式下的信息检索方式大多依赖于分类目录和索引系统，这种基于关键词匹配的检索方式对用户的检索技巧提出了较高要求。对于不熟悉检索规则或缺乏相关经验的用户而言，找到符合需求的资源往往耗时且困难。并且，传统服务模式通常以线下访问为主，用户需要亲自到馆进行查询和借阅，空间和时间的限制显著降低了资源的利用率。在信息需求日益即时化的今天，用户期望能够随时随地获取所需资源，传统模式难以满足这一需求。传统图书馆服务模式的局限性还体现为内容推荐单一。传统图书馆服务模式下，图书馆的服务主要依赖于书目分类和人工推荐，这种方法难以准确捕捉用户的兴趣和偏好。对于初次进入图书馆的用户，选择适合的资源可能是一个复杂且无从下手的过程，现有的人工推荐服务无法为每位用户提供个性化的指导。尤其是在信息过载的背景下，用户面对庞杂的馆藏信息常常感到无所适从，错失高质量资源的概率显著增加。资源推荐方面的局限性，使得图书馆在提升用户体验方面面临严峻挑战。

在信息服务和用户互动方面，传统图书馆服务模式也存在不足。提供参考和咨询是图书馆的核心服务之一。传统图书馆服务模式下，多以用户主动提问、工作人员解答为主，这种被动的服务形式往往难以满足用户潜在的信息需求。例如，一些用户可能不知道如何准确表述自己的问题，导致工作人员难以提供准确的解答。而对于复杂的学术研究问题，传统模式下的单一咨询形式也难以满足多维度、多层次的信息需求。此外，传统模式下的信息服务通常局限于固定的办公时间和地点，用户在非工作时间或异地时无法获得即时帮助，这进一步限制了图书馆的服务范围。传统图书馆服务模式在教育支持功能上的局限性同样不容忽视。尽管许多图书馆提供讲座、培训和其他学习支持活动，但这些服务通常以静态课程和固定形式为主，难以满足个性化和动态化的学习需求。现代用户的学习需求往往具有多样性和时效性，传统模式中一刀切的教育支持方式显然无法满足所有用户的需求。例如，学生和研究者可能需要根据特定项目或课题获取量身定制的学习资源，而传统模式下的课程设计通常缺乏灵活性和适应性。此外，传统模式对学习成果的评估多依赖于定性反馈，缺乏由数据支撑的量化分析，难以为学习支持活动的优化提供可靠依据。

资源整合能力的局限性也是传统图书馆服务模式存在的一个重要问题。

随着数字化进程的加速，用户的资源需求已不仅限于对馆藏资源的需求，而是扩展至对电子书、在线课程、开放数据库等多种类型的资源的需求。然而，传统模式下的图书馆多以馆藏资源为核心，对外部资源的整合力度不足。这种分散的资源管理方式，不仅增加了用户获取信息时的复杂度，也限制了图书馆服务的广度和深度。此外，在传统图书馆服务模式下，资源的更新速度较慢，难以应对知识更新周期日益缩短的现状。用户在采用传统服务模式的图书馆中接触到的资源可能已经过时，这种现象在快速发展的学术和技术领域尤其常见。在应用信息技术方面，传统图书馆服务模式对新兴技术的应用程度有限，导致服务形式的创新性不足。例如，许多传统服务模式下的图书馆在信息检索和管理上仍依赖于简单的数据库查询系统，缺乏智能化和自动化功能。这种技术上的滞后不仅降低了用户的检索效率，也制约了图书馆的服务拓展能力。与其他行业相比，传统图书馆服务模式在用户体验设计和技术应用创新方面相对落后，难以吸引年轻一代用户的长期关注。

传统图书馆服务模式的局限性还体现在社会影响力拓展的不足上。在信息传播和文化教育的过程中，图书馆扮演着重要的社会角色。然而，传统服务模式下的图书馆多以个体用户为中心，缺乏与其他机构和社区的有效合作。图书馆的资源和活动往往局限于本地用户，难以在更大范围内发挥知识传播和社会教育的作用。在互联网和社交媒体普及的背景下，图书馆如果无法突破传统的服务框架，其扮演的社会角色可能会逐步被其他在线平台取代。

传统图书馆服务模式虽然在一定程度上满足了基础的资源管理和信息获取需求，但其在信息获取效率、个性化服务、互动性、教育支持、资源整合和社会影响等多个方面的局限性日益显现。随着信息技术的飞速发展和用户需求的持续变化，传统图书馆服务模式已难以适应时代的要求，图书馆亟须通过智能化转型实现服务模式的全面升级，为用户提供更加高效、精准和多样化的服务体验。这一转型需要技术的革新，更需要全面重塑图书馆服务模式的理念和功能，为图书馆在现代社会中的持续发展奠定基础。

二、人工智能推动下的教育服务转型路径

人工智能技术的迅猛发展为图书馆服务模式向智能教育模式转型提供了强大的动力。在现代教育需求日益多样化和复杂化的背景下，人工智能不仅为图书馆的教育服务赋予了新的功能，还通过技术的深度融合重塑了图书馆的服务理念和实践路径。通过对数据的精准分析、资源的智能整合以及服务的个性化升级，人工智能技术推动图书馆从传统的信息提供者转变为综合教育支持平台，为用户的学习与发展创造了更多可能性。人工智能技术推动图书馆教育服务转型的核心在于提升用户满意度与教育效率。通过引入多种人工智能技术，图书馆能够深入了解用户的学习需求和行为模式，实现个性化服务。这种以数据驱动的服务模式，能够显著提升教育效率和用户满意度。

传统图书馆的资源多集中于馆藏书籍和数字文献，引入知识图谱和语义分析技术，可将分散的资源整合为结构化的知识网络。这种资源整合的能力，提升了用户所学内容的深度和广度，也为用户在跨学科研究和创新学习中提供了更多支持。通过人工智能技术对资源进行整合，提升了图书馆服务的教育效率。

人工智能推动下，图书馆服务教育转型的另一个重要应用是虚拟学习助手的开发。虚拟学习助手通过自然语言处理技术与用户进行交互，为用户提供实时的学习支持和指导。例如，用户在使用图书馆检索工具时遇到问题，可以向虚拟助手提问，虚拟助手会根据用户的需求提供操作指南或资源推荐。此外，虚拟学习助手还可以在课程学习中担任“导师”角色，解答用户关于课程内容的问题，甚至可以为用户提供学习规划建议。这种个性化、互动式的学习支持，大大提升了用户的使用满意度。

引入人工智能技术，不仅为教育服务的形式带来了创新，也改变了用户的学习方式和教育的内涵。图书馆作为教育服务的重要场所，在人工智能技

术的助力下，正在从传统的知识传播角色转向教育生态的核心枢纽。通过大数据分析、虚拟助手、资源整合、自适应学习和智能评估等多项技术的应用，图书馆的教育服务能力得到了全方位的提升。这种转型不仅满足了现代用户对个性化、动态化学习的需求，还为教育服务的可持续发展提供了坚实基础。人工智能推动下的教育服务转型路径，为图书馆在新时代的角色定位提供了新的思路和实践方向。通过人工智能技术与教育服务的深度融合，图书馆不再只是信息的存储与管理者，而是知识的创造与传播者。这种转型不仅彰显了图书馆在现代社会中的独特价值，也为探索未来的教育模式提供了有力支持。随着人工智能技术的进一步发展，这一转型路径将为教育服务的深化和扩展注入更多的活力。

三、智能化图书馆服务对信息素养教育的支持

智能化图书馆服务的广泛应用，为信息素养教育提供了强有力的支持。通过大数据分析、知识图谱等先进技术的引入，图书馆能够在资源提供、学习支持、教育推广等多个层面实现功能的全面升级。这种智能化的服务模式不仅优化了信息素养教育的教学内容和形式，也极大地提高了用户的学习效率，改善了用户的体验，为培养具备高水平信息素养的人才奠定了坚实基础。

智能化图书馆服务通过优化信息检索和资源获取的过程，为信息素养教育的实践提供了重要支撑。用户可以使用日常语言直接与系统交互，表达自己的信息需求，系统则会通过语义分析技术快速生成精准的检索结果。例如，在开展信息检索技能培训时，智能系统能够为学习者实时演示关键词扩展、语义匹配和布尔逻辑检索的效果，使学习者更直观地理解信息检索的基本原理。同时，智能化图书馆服务还能够根据用户的兴趣和需求，动态推荐相关资源，为学习者提供更多拓展性知识，从而提高学习者的信息素养。

知识图谱技术的应用是智能化图书馆服务支持信息素养教育的重要体现

之一。知识图谱能够将分散的知识点和信息资源以结构化的方式呈现出来，为用户建立直观的认知路径。例如，在学习如何使用数据库进行文献综述时，知识图谱可以将相关的数据库功能、检索策略和文献管理工具整合为一个全面的学习模块。用户通过浏览知识图谱，可以清晰了解学习目标与任务之间的关联，从而更有条理地掌握相关技能。这种基于知识图谱的智能化图书馆服务，提高了信息素养教育的系统性。

基于用户行为数据的分析，智能化图书馆服务能够为每位学习者量身定制学习计划和资源推荐。这种个性化的服务模式使信息素养教育更加贴合学习者的实际需求，显著提升了学习者的学习效率。此外，智能化图书馆服务还能够根据学习者的实时表现动态调整学习路径。例如，为某一阶段遇到困难的用户提供补充性资源，或为完成任务较快的用户推荐更具挑战性的内容。这种动态优化的学习路径设计，提高了信息素养教育的效果。

通过人工智能系统，图书馆可以设计和实施多样化的信息素养教育活动，包括讲座、工作坊和在线课程等。系统可以根据用户的学习目标和兴趣偏好生成活动方案，并通过多种渠道向用户推送。这种智能化的活动策划，增强了信息素养教育的吸引力，扩大了信息素养教育活动的覆盖范围，为用户提供了更加丰富的学习体验。

在信息素养教育的评估与反馈环节，智能化图书馆服务实现了评估方式的科学化和精准化。通过智能分析技术，系统能够对用户的学习行为进行全面跟踪与记录，例如，记录学习时间、任务完成率、资源利用率等数据。这些数据经过处理后，可以生成详细的学习报告，为用户了解自己的学习进展提供直观的参考。为信息素养教育的评估环节提供了数据支持。

智能化图书馆服务还通过虚拟学习助手的形式，强化了信息素养教育的即时性与互动性。虚拟学习助手利用自然语言处理技术，能够实时解答用户的疑问。这种高交互性的学习支持，不仅提升了学习者的自主性，也增强了信息素养教育的趣味性和吸引力。

通过在线学习平台和开放资源库，图书馆智能化服务能够打破传统资源分配的地域限制，为更多用户提供高质量的信息素养教育资源。此外，系统还能够根据不同用户群体的特定需求调整资源内容和服务模式，例如为语言学习者提供多语言支持，为有特殊需求的用户提供无障碍设计。这种普惠性和包容性的教育服务模式，充分体现了智能化图书馆服务在社会责任与教育价值方面的独特作用，提升了信息素养教育的公平性。

智能化图书馆服务的广泛应用，为信息素养教育的全方位发展提供了重要保障。从优化信息检索到设计个性化学习路径，从整合多样化资源到强化教育评估与反馈，这种智能化的服务模式大幅提升了教育的效率和质量。随着人工智能技术的进一步成熟，智能化图书馆服务将在信息素养教育中发挥更加重要的作用，为知识传播与社会进步注入新的动力。

第二节　个性化学习与智能推荐系统的教育应用

一、个性化学习的教育理论与实践

个性化学习的教育理论与实践在现代教育中占据了重要位置，它强调以学习者为中心，根据个人的兴趣、需求、能力和目标设计教学内容和学习路径。个性化学习的核心理念是尊重学习者的独特性，通过灵活多样的教育模式激发学习者的学习动力和潜能。在人工智能技术的支持下，个性化学习从理论的探索逐步走向实践应用，为教育模式的转型和升级提供了丰富的可能性。个性化学习的教育理论认为，个性化学习的关键在于实现学习内容的定制化与学习过程的动态优化。皮亚杰的认知发展理论和维果茨基的社会建构主义理论为个性化学习提供了理论基础。皮亚杰认为，学习是一种基于个人认知结构的主动建构过程，处于不同年龄和认知发展阶段的学习者需要不同的学习内容和策略。维果茨基强调，学习是在社会互动中实现的，学习者的潜在发展区能够通过教师和同伴的适当支持得以拓展。这些理论为个性化学习模式的设计指明了方向。通过深刻理解学习者的个体差异和社会化需求，教育者能够为每位学习者提供适合其发展的学习环境和资源。

在实践中，个性化学习主要通过定制化课程设计和个性化教学策略得以实现。定制化课程设计要求教师在课程规划中充分考虑学习者的背景知识、兴趣和目标。例如，在信息素养教育中，对于初学者，可以设计基础的检索技巧和资源筛选模块；对于进阶学习者，则可以加入复杂的数据库应用、信息分析和知识整合的内容。这种基于需求的课程设计，不仅提高了教学内容的相关性，也增强了学习者的参与感和主动性。个性化教学策略则进一步细化了教学过程的实施方法。例如，通过实时监测学习者的学习进度和学习反馈，动态调整教学内容和教学节奏。这种以数据驱动的教学方法，使得个性化学习得以从理论转向实践，为不同能力层次的学习者提供了精准支持。

在人工智能的推动下，个性化学习的理论与实践得到了进一步深化。通过引入大数据分析、机器学习和自然语言处理等技术，人工智能为学习者画像、学习路径设计和资源推荐提供了技术支持。

学习者画像是个性化学习实践的基础。通过分析学习者的行为数据、兴趣偏好和学习历史，人工智能系统能够生成详细的学习者特征描述，形成学习者画像。这些画像为个性化学习路径的设计提供了科学依据，使教育者能够根据每位学习者的具体情况制订学习计划。

学习路径的个性化设计是个性化学习的核心实践之一。在传统教学模式中，学习路径通常是固定的，忽视了学习者的个体差异。通过人工智能技术的支持，学习路径可以根据学习者的实时表现动态调整。例如，系统可以监测学习者在完成任务中的错误率和反应时间，从而判断其对某一知识点的掌握程度。如果学习者对某一知识点掌握不佳，系统会提供针对性的补充资源；

如果学习者在某一模块表现突出，系统会直接跳过类似内容，推送更具深度的学习资源。

个性化学习的实践还体现在资源推荐和内容生成方面。人工智能驱动的智能推荐系统可以根据学习者的兴趣和需求，精准匹配相关资源。这种推荐不仅局限于已知需求的满足，还能够通过拓展性的资源推荐激发学习者对新领域的兴趣。此外，自然语言生成技术的应用使得教学资源的开发更加灵活，系统可以根据学习者的需求生成个性化的学习指南、问题解答和课程总结。这些基于人工智能的功能极大地丰富了个性化学习的内容形式，为学习者创造了更加多样化的学习体验。个性化学习的实践在评估与反馈环节同样展现了其独特价值。传统的评估方式通常以统一的标准测试为主，难以反映学习者的个体背景差异。个性化学习实践在评估环节强调多样性和个体化，通过对学习者学习过程中的行为数据和学习成果进行分析，生成多维度的评估报告。这种基于数据分析的评估方式，不仅提高了评估的科学性，也为学习者制订更有针对性的学习计划提供了参考。在现代教育环境中，个性化学习的实践还结合了社会化学习的理念。通过在线学习平台和协作工具，学习者可以在个性化学习路径中与他人进行交流与合作。这种社会化的个性化学习实践，不仅促进了知识的分享与整合，也增强了学习者的团队合作能力和批判性思维。

个性化学习的教育理论在人工智能技术的支持下得到了更广泛的实践应用，这些实践应用不仅推动了教育模式的转型，也为学习者提供了更加高效和多样化的学习体验。从理论到实践，个性化学习的核心始终围绕学习者的个体需求展开。个性化学习实践以灵活的教学设计、动态的学习路径、精准的资源推荐和科学的评估反馈，为学习者的成长提供了全面支持。随着人工智能技术的不断进步，个性化学习的教育理念和实践将进一步深化，为现代教育的发展开辟更多的可能。

二、智能推荐系统在图书馆教育中的实践应用

智能推荐系统在图书馆教育中的实践应用已经成为推动个性化学习和提升用户体验的重要工具。通过整合大数据分析等人工智能技术，智能推荐系统能够为用户提供精准化、个性化和高效的服务，将传统图书馆服务提升到全新的高度。在资源推荐、学习路径优化、教育活动支持等方面，智能推荐系统的应用展现出了显著的优势。

在资源推荐方面，智能推荐系统通过分析用户的行为数据、兴趣偏好和学习目标，为每位用户量身定制推荐方案。系统基于机器学习算法和大数据技术，能够从用户的借阅记录、检索历史和浏览行为中挖掘出用户潜在的需求，并据此推送最相关的资源。例如，对于一名对现代文学感兴趣的用户，系统不仅可以推荐相关的经典文学作品，还能够结合用户的阅读习惯推荐学术论文和多媒体资源。这种精准化的推荐方式，帮助用户在海量信息中快速找到最符合需求的内容，同时也提升了资源的利用效率。学习路径优化是智能推荐系统在教育实践中的另一重要应用。通过对用户学习过程的实时跟踪和分析，智能推荐系统能够为用户设计动态调整的学习路径。这种基于用户需求的学习路径优化，不仅提高了用户的学习效率，还增强了用户学习体验的个性化程度，使学习路径的针对性更强。通过分析用户的兴趣偏好和学习需求，智能推荐系统能够为图书馆设计更具吸引力的教育活动。例如，系统可以根据用户的阅读历史和学术兴趣生成主题讲座、阅读沙龙或写作工作坊的活动方案，并通过多渠道通知用户参与。这种智能化的活动设计方式，提高了活动的针对性和参与度，为用户提供了更多深度学习和交流的机会。

智能推荐系统在信息整合与知识管理方面的应用也极大地提升了图书馆的教育服务能力。通过引入知识图谱和语义分析技术，智能推荐系统能够将分散在不同资源库中的信息整合为有机的知识网络。例如，在支持某一特定

学科的学习时，系统可以将相关的书籍、论文、数据库、视频教程以及实践案例整合到一个统一的学习模块中，为用户提供全面的学习支持。这种多维度的资源整合方式，拓展了学习内容的深度和广度，帮助用户在跨领域学习中实现知识的联结与创新。

智能推荐系统在教育评估与反馈中的应用也为图书馆教育服务带来了新的可能性。通过学习分析技术，系统能够记录用户在学习过程中的各项数据，并基于这些数据生成详细的学习报告。以此帮助用户了解自己的学习进展，并为教育者优化课程设计和教学策略提供重要参考。例如，教育者可以根据学习报告发现哪些资源或模块的使用频率较高，从而增加相关内容的供给；根据用户在某些模块中的表现调整教学难度，为不同能力层次的用户提供更加个性化的支持。

通过人工智能技术与教育的深度融合，智能推荐系统在图书馆教育中的实践应用展现了广阔的发展前景。它不仅推动了教育模式的创新，也为学习者的成长和发展提供了更多可能性。从精准的资源推荐到动态的学习路径优化，从多维度的资源整合到实时的互动支持，智能推荐系统正在为图书馆教育服务注入更多智能化和人性化的元素。随着人工智能技术的不断进步，这一系统将继续深化在图书馆教育中的应用，为知识传播和教育创新创造更多价值。

三、智能推荐技术提升学习效果的案例分析

智能推荐技术提升学习效果的成功案例已在多个领域出现。通过对具体案例的分析，可以更深入地了解智能推荐技术如何通过精准的资源推荐、动态的学习路径调整和个性化的学习支持，显著提升学习者的学习效果。

在美国加利福尼亚大学伯克利分校图书馆，智能推荐系统被广泛用于提升学生的信息素养教育效果。图书馆通过设置基于机器学习的智能推荐引擎，

为每位学生提供个性化的资源推荐服务。例如，当学生在学习管理平台上完成某一信息检索模块后，系统会根据其学习记录和表现，推荐相关的数据库使用教程和学术资源。一次针对历史学专业学生的信息检索训练显示，使用智能推荐系统的学生比未使用智能推荐系统的学生在数据库使用效率上有明显提高。研究人员分析这一现象后发现，这种效果得益于推荐系统精准匹配了学生的研究需求，减少了学生在资源筛选中的时间浪费。通过系统的个性化建议，学生能够快速掌握复杂的信息检索技巧，从而将更多精力投入研究内容本身。这一案例充分说明了智能推荐技术在帮助学习者克服信息检索困难、提升学习效率方面的价值。

新加坡国家图书馆针对青少年阅读推广项目开发了一套智能阅读推荐系统。该系统通过分析青少年的阅读兴趣和学习目标，为每位学生生成个性化的阅读计划，并根据他们的阅读进展动态调整推荐内容。该项目的评估数据显示，使用智能推荐系统的学生在一年内的阅读量有了明显增长，很多参与这个项目的学生表示推荐内容对其学习和兴趣培养具有积极影响。这一案例说明，智能推荐技术不仅能够提升学习者的阅读量，还能通过多样化的推荐内容拓展学习者的知识面和兴趣领域。

澳大利亚昆士兰大学图书馆的“个性化学习助手”项目结合自然语言处理和语义分析技术，提供实时的学习支持服务。例如，一名研究海洋生态学的学生在论文写作过程中，通过学习助手系统咨询关于生物多样性保护的数据来源。系统不仅提供了相关的数据库信息，还推荐了几篇高引用率的研究文章。学生反馈显示，系统推荐的资源帮助其丰富了论文内容，提高了论文质量。这一案例表明，智能推荐技术在学术研究中的应用，可为用户提供及时且高效的知识服务。

中国国家图书馆开发的“国家数字图书馆智能推荐平台”是智能推荐技术在公共教育服务中的成功实践之一。该平台专注于为全国范围内的用户提供高质量的数字资源推荐服务。系统利用人工智能技术分析用户的借阅记录和在线搜索行为，为用户提供包括电子书、视频课程和学术文章在内的多种资源推荐。一个典型的案例是一位来自农村地区的高中教师，他希望找到适合学生学习的生物学实验资源。平台根据其需求推荐了一系列生物学视频教程和实验操作指南，这些资源后来被成功应用到教学中，显著提升了学生的学习兴趣和实验能力。这一案例展示了智能推荐技术在缩小教育资源差距、促进教育公平方面的潜力。

对这些具体案例进行分析，可以看出智能推荐技术在教育和信息服务中的应用是多方面的。它不仅优化了资源获取的效率，还通过个性化的学习支持和动态调整的服务模式，为用户创造了更加丰富和高效的学习体验。智能推荐技术的实践为图书馆在现代社会中重新定位其角色提供了有效途径，使图书馆不再仅仅是知识的存储和管理者，而是转型为教育支持和创新服务的重要枢纽。这些案例所体现的技术价值和教育意义，为未来图书馆服务模式的进一步发展提供了重要启示。

第三节　在线学习与图书馆智慧资源整合

一、在线学习平台与图书馆资源的协同发展

在线学习平台与图书馆资源的协同发展是现代教育与知识传播的重要发展趋势。随着信息技术的快速进步和学习需求的多样化，图书馆与在线学习平台的深度融合，不仅为用户提供了更加便捷和高效的学习途径，也拓展了图书馆的服务边界和功能角色。将在线平台的数字化优势和图书馆的资源整合能力协同发展，为学习者创造了全新的教育生态，为知识的获取与应用提供了更加灵活、开放和精准的支持。

在线学习平台以其开放性和广泛性成为现代教育实践的重要载体，图书馆作为知识和资源的核心枢纽，在这一实践中发挥了不可替代的作用。通过资源共享与技术对接，在线学习平台可以将图书馆的优质资源无缝整合到课程内容中，为用户提供更丰富的学习支持。例如，在一门涉及数据科学的在线课程中，平台可以嵌入图书馆的相关电子书、学术期刊以及研究案例。用户在完成课程学习的同时，可以通过链接直接访问图书馆的专业资源。这种资源的整合，使在线学习平台提供的内容更加权威和多元化；使学习者通过同一平台能够同时完成知识学习与资源查询的双重任务，提高了学习效率。

协同发展的另一个重要方向是图书馆资源对在线学习平台课程开发的深度支持。图书馆丰富的资源和专业的知识服务能够为在线学习平台开发课程内容提供有力支撑。例如，在开发一门全球史课程时，课程开发团队可以与图书馆合作，从馆藏的历史文献、数字化档案以及多媒体资源中提取内容，用于构建课程素材。这种合作模式不仅保证了课程内容来源的权威性，也扩大了图书馆资源的应用领域。

在线学习平台与图书馆资源的协同发展还体现在为用户提供个性化学习支持上。通过大数据和人工智能技术，在线学习平台能够分析用户的学习行为和偏好，为其推荐最相关的图书馆资源。例如，一名学习生物医学课程的用户需要文献支持和案例研究，系统可以根据其学习进度和学习目标，从图书馆资源库中自动推荐相关的研究文章、数据库和多媒体内容。这种个性化推荐服务不仅满足了用户的即时需求，也帮助用户获得更深入的学习体验。此外，图书馆的参考咨询服务也可以通过在线学习平台实现在线化，为用户提供实时的学习指导和资源支持。

在跨机构合作方面，在线学习平台与图书馆的协同发展进一步推动了资源的开放与共享。许多高校和研究机构通过合作开发在线课程，将各自的图书馆资源与平台资源整合在一起，共同构建跨机构的资源共享体系。例如，学生可以同时访问多所高校图书馆的数字资源，获取全球范围内的学术支持。

这种资源的跨机构整合，不仅提升了课程的质量和吸引力，也为全球学习者提供了更多知识获取途径。同时，这种合作模式还通过提升资源利用效率，促进了教育资源的公平分配，为缩小教育资源差距做出了贡献。

图书馆资源与在线学习平台的协同发展还显著增强了用户的学习体验和互动性。在传统的学习模式中，用户往往需要在不同的平台之间切换才能完成学习任务，而协同发展使得学习过程变得更加便捷。例如，一名参与在线文学课程学习的学生，在平台上完成课程学习时，可通过内嵌的图书馆资源模块查阅文学评论、历史资料以及相关的视频资料。这种一站式的学习支持，提升了用户的专注度和学习效果。

此外，图书馆资源与在线学习平台的协同发展还支持用户在学习过程中通过讨论社区分享和交流图书馆资源，进一步加强了学习的互动性和社交属性。人工智能技术的创新也为在线学习平台与图书馆资源的协同发展提供了更多可能性。例如，知识图谱和语义关联技术能够实现图书馆资源与课程内容的深度链接。用户在学习过程中可以通过点击相关术语，直接跳转到图书馆提供的专业资源或扩展内容上，这种实时的知识链接方式，有效降低了知识获取的时间成本。虚拟现实和增强现实技术的应用，也为图书馆资源与在线学习平台的协同发展开辟了新的领域。例如，在一门涉及考古学的在线课程中，学生可以通过平台直接访问图书馆提供的虚拟文物展示，深入了解文物的历史背景和考古价值。这种技术的结合，不仅提升了学习的沉浸感和趣味性，也扩展了图书馆资源的应用场景。

图书馆资源与在线学习平台的协同发展还在知识的更新和传播中发挥了积极作用。在快速变化的知识领域，图书馆与在线学习平台的结合能够确保学习者接触到最新的研究成果和学术动态。

通过图书馆资源与在线学习平台的协同发展，现代教育和知识服务正迈向一个更加智能化和多元化的新时代。这种协同发展模式不仅优化了资源的利用效率，提升了学习者的学习效果，也为定位图书馆在新时代的功能提供了新的思路。

二、智能化资源整合技术对教育的支持

智能化资源整合技术对教育的支持是现代图书馆与教育服务相结合的重要实践。随着大数据和语义分析等技术的快速发展，资源整合的效率和精准度得到了显著提升，为教育提供了更加全面和高效的支持。通过智能化技术，图书馆能够打破资源的物理界限和学科壁垒，系统化地呈现分散的知识，为学习者、教师和研究者构建多维度的教育支持。

智能化资源整合技术的核心在于利用知识图谱技术和语义分析技术，将海量的资源转化为结构化的知识网络。这一过程提升了资源的检索效率。例如，针对历史资源，应用知识图谱技术，能够将不同时期的文献、图片、音频和视频资源整合在一个平台上，为学习者提供全面的背景知识。学习者在研究某一历史事件时，可以通过知识图谱直接访问相关的关键文献，了解事件的起因、发展和影响，并通过多媒体资源获得更加直观的理解。这种资源整合方式，不仅提高了学习者的学习效果，还激发了学习者的探究兴趣和主动学习能力。

通过多模态数据的融合，智能化资源整合技术进一步提升了教育支持的广度和深度。现代教育对课程资源的需求不再局限于文本内容，而是涵盖图像、音频、视频以及交互式素材等多种形式的资源。智能化资源整合技术能够对不同类型的数据进行语义关联和内容匹配，生成多模态的学习材料。例如，在语言学习中，系统可以将语法讲解视频、词汇学习卡片、发音练习音频和文化背景图片整合为一个完整的学习模块，为学习者提供全面的语言学习支持。这种多模态数据的融合，不仅满足了学习者的个性化需求，还为不同学习风格的用户提供了灵活的选择，增强了资源的适用性。

智能化资源整合技术对跨学科教育的支持同样至关重要。在当代教育中，

许多学科问题的解决需要应用跨领域的知识，而传统的资源管理方式难以满足这一需求。通过引入语义分析技术和机器学习算法，智能化资源整合技术能够自动识别不同学科之间的知识关联，并生成跨学科的资源推荐。例如，在环境科学的课程中，系统可以整合关于气候变化的研究论文、生态保护的政策文件、可持续发展的经济分析，以及相关的案例，为学习者提供全面的知识支持。这种跨学科的资源整合，不仅帮助学习者拓宽了视野，还促进了知识的交叉应用和对学习者创新能力的培养。

在教育活动的组织和实施中，智能化资源整合技术为个性化教学提供了强大的支持。通过对学习者行为数据的实时监测和分析，系统能够动态整合学习者的需求，为其推荐资源。例如，对于正在研究某一专题的学生，系统可以根据其检索记录和学习进度，生成包含核心文献、延伸阅读材料和数据分析工具的资源包。这种进行动态化资源整合的能力，帮助教育活动变得更加精准和高效，同时也为教师的教学设计提供了数据支持和素材保障。

智能化资源整合技术在在线教育平台中的应用，也为提升教育公平性做出了重要贡献。通过资源的数字化和在线化，使得偏远地区或教育资源匮乏地区的群体能够通过互联网获取高质量的学习资源。

运用智能化资源整合技术，可对学习路径的设计和个性化推荐功能进行优化，提升资源的利用效率。系统可以根据学习者的目标、兴趣和学习进度，自动设计学习路径并推荐相关资源。例如，在进行医学教育时，系统可以为实习医生生成以病例为中心的学习路径，提供疾病诊断指南、药物研究文献和手术操作视频等学习资源。这种定制化的学习支持，使学习者能够聚焦于实际问题的解决，有针对性地进行学习。

智能化资源整合技术在教育评估和学习效果反馈环节的作用也不容忽视。通过对学习者的资源使用行为进行分析，系统会生成详细的学习报告，帮助学习者了解自身的学习进展和薄弱环节。例如，系统可以统计用户对资源的访问频率、停留时间和使用效果，并将这些用户数据整合，以供系统判断哪些资源对学习目标的达成最为有效。智能化资源整合技术为学习者的学习计划调整提供了科学依据，也为教育机构优化资源配置和教学策略提供了数据支持。

技术驱动的资源整合模式为教育的内容丰富性、学习效率和资源公平性提供了全方位的支持。未来，智能化资源整合技术将在教育服务中发挥更加重要的作用，为知识的传播与创新注入新的动力。

三、图书馆在线教育服务的创新实践

图书馆在线教育服务的创新实践是现代信息社会中教育服务模式的重要发展方向。随着数字技术的迅猛发展和用户学习需求的多样化，图书馆不再局限于提供传统的文献服务，而是通过在线教育服务为用户提供多维度、全方位的学习支持。通过数字资源的整合、技术平台的构建以及教育内容的创新，图书馆在线教育服务在推动知识普及、技能培养和终身学习方面发挥了重要作用，成为教育生态系统中的关键环节。

图书馆在线教育服务的核心在于整合数字资源并构建开放型的学习平台。通过应用大数据技术和人工智能技术，图书馆能够将海量的馆藏资源转化为数字化教育内容，以在线课程、电子书和多媒体材料的形式呈现给用户。例如，美国国会图书馆开发了“教师资源中心”，为教师和学生提供涵盖历史、科学、艺术等多领域的开放式教育资源。该平台结合课程计划、教学活动和原始文献，帮助用户在学习过程中充分利用图书馆的丰富资源。这种模式不仅扩大了图书馆资源的应用范围，还为教育者提供了灵活且权威的教学支持。

在技能培养和专业发展领域，图书馆在线教育服务通过提供专题化和职业导向的课程，为用户提供精准的学习支持。例如，英国大英图书馆专门为中小企业主和初创团队设计了一系列在线创业课程。课程内容涵盖商业计划撰写、市场调研方法以及数字化营销策略等。该课程利用图书馆丰富的商业案例和学术资源，为学习者提供理论与实践相结合的指导。这些课程不仅帮助用户提升了创业能力，也为图书馆支持经济发展和社会创新开辟了新路径。

图书馆在线教育服务还注重为特定人群提供个性化的学习支持。例如，中国国家图书馆通过“数字图书馆推广工程”推出了面向偏远地区用户的在线学习服务。该项目通过远程教育平台，为农村教师和学生提供高质量的教育资源，包括学科课程、教师培训课程以及文化素养课程。这种服务模式突破了地域限制，为不同地区的用户提供了公平的学习机会。

图书馆还通过与各个学科领域的专家合作，不断开发高质量的课程内容，为在线教育服务提供教育资源。例如，哈佛大学的图书馆与医学院合作开发了一系列开放式的医学教育课程，为医学专业学生和公众提供最新的医学研究动态和健康知识。课程内容以多媒体形式呈现。这种内容创新实践，不仅提升了课程的教学质量，也增强了图书馆在知识传播领域的核心地位。

智能技术平台的建设为图书馆在线教育服务提供了坚实的基础。通过构建智能化学习平台，图书馆能够为用户提供更加便捷和高效的服务。例如，新加坡国家图书馆开发的“智能学习助手”平台，利用人工智能技术为用户提供个性化的学习建议。用户在平台上可以根据自己的需求搜索课程、资源和活动，系统会基于学习行为数据为其推荐相关内容。学习助手还具备实时互动功能，用户可以通过语音或文本与系统交流，获取学习建议。

图书馆在线教育服务通过构建虚拟学习社区，促进了学习者之间的交流与协作，使用户互动和社群建设更加便捷。例如，普林斯顿大学图书馆推出的“学术讨论平台”结合在线课程和社交功能，为用户提供了一个分享知识、讨论问题和共同学习的空间。用户可以在平台上参与主题讨论、组织学习小组或分享研究成果，这种社群化的学习方式，促进了知识的多元交流。

数据驱动的评估与优化是图书馆在线教育服务的一大特点。通过对用户学习行为和资源使用情况的分析，图书馆能够持续改进课程内容和服务模式。例如，纽约公共图书馆通过数据分析发现，用户对职业发展类课程的需求增长迅速，于是增设了更多相关课程，并优化了学习路径。这种基于数据的服务优化，提高了用户满意度，也确保了图书馆资源的高效利用。

图书馆在线教育服务通过高效整合数字资源、构建智能化平台和持续优化学习内容等一系列创新实践，推动了现代教育模式的转型。图书馆在线教育服务的创新实践扩展了图书馆的功能和服务范围，为用户提供了更加灵活、多样和高效的学习支持。这种创新实践充分体现了图书馆在现代社会中的价值，为知识传播、教育公平和社会进步做出了重要贡献。

第四章　智慧图书馆与信息素养教育服务创新

第一节　智慧图书馆的技术架构与服务特性

一、智慧图书馆的定义与发展背景

了解智慧图书馆的定义与发展背景是理解其技术架构与服务特性的重要前提。在信息技术不断进步和知识需求日益多样化的背景下，智慧图书馆作为传统图书馆的升级形态，融合了人工智能、物联网、大数据等新兴技术，为用户提供更加智能化、个性化和互动性的服务。智慧图书馆不仅是资源管理与知识服务的创新平台，也是教育、科研和文化传播的重要枢纽。

智慧图书馆的概念由来已久，其发展与技术的变革和知识需求的演进密切相关。传统图书馆在知识存储与传播方面发挥了重要作用，其服务主要以资源的管理和图书借阅为核心，这种服务难以满足现代社会对信息获取即时化、多样化和精准化的需求。随着信息技术的进步，特别是计算机网络的普及，数字图书馆应运而生。数字图书馆通过资源的数字化和网络化，为用户提供了更加便捷的资源访问和管理服务。然而，数字图书馆在智能化、互动性和个性化服务方面仍存在一定局限，这为智慧图书馆的诞生提供了契机。智慧图书馆的出现，是技术与需求双重驱动的结果。技术层面，人工智能、物联网、大数据等技术的发展为智慧图书馆提供了实现智能化服务的技术基础。通过人工智能技术，智慧图书馆能够对用户的行为数据进行深度分析，为其提供个性化的资源推荐和学习支持。物联网技术的应用，使智慧图书馆实现了资源的全程监控与智能化管理，大幅提高了资源的利用效率。大数据技术则为智慧图书馆的服务优化提供了数据支撑，帮助图书馆管理者更好地了解用户需求，制定科学的资源配置策略。

智慧图书馆的定义逐渐明确，其核心特征包括智能化、协同化和开放性。智能化体现在服务的个性化和自动化上，智慧图书馆能够根据用户的行为和需求提供精准的资源推荐和学习支持。协同化指的是智慧图书馆通过资源共享和平台对接，实现不同机构间的合作，构建跨区域、跨学科的知识网络。开放性则意味着智慧图书馆不仅服务于特定人群，还通过开放资源和在线服务惠及更广泛的用户群体。

智慧图书馆的发展背景与社会对教育、文化和科研服务的更高需求密切相关。在现代社会中，知识更新的速度加快，学习者和研究者对信息的获取速度和精准度提出了更高的要求。同时，数字化转型使得文化传播和知识共享的方式发生了深刻变化，传统图书馆的服务模式难以完全适应这一发展趋势。智慧图书馆通过与人工智能等技术的深度融合，为用户提供了更加高效、灵活和多样化的服务模式，不仅满足了现代社会对知识的需求，也为未来的教育和科研提供了新的可能。智慧图书馆的发展受益于政策的支持和行业的推动。许多国家和地区将智慧图书馆的建设纳入信息化战略规划和文化发展规划中，通过提供资金支持和政策引导，推动智慧图书馆的建设与创新。这些支持为智慧图书馆的发展提供了良好的外部环境，促进了相关技术的研发和应用。

在智慧图书馆的构建中，用户需求的变化和技术的进步是两大关键驱动力。用户需求的变化表现在信息获取习惯的转变和个性化需求的增加。现代用户更加依赖通过移动设备和在线平台获取信息，对服务的即时性和便捷性有着更高的期望。智慧图书馆通过移动应用、虚拟助手和智能检索技术，使用户能随时随地获取资源。用户对学习路径的个性化设计和跨学科知识整合的需求也推动了智慧图书馆服务的不断升级。技术的进步为智慧图书馆的发展提供了强大的支撑。

智慧图书馆的定义和发展背景还反映了其在社会中的多重功能和价值。一方面，智慧图书馆通过高效的资源管理和服务模式，促进了知识的传播与共享，为教育、科研和文化事业的发展提供了重要支持。另一方面，智慧图书馆通过技术的应用和服务的创新，推动了信息技术与社会发展的深度融合，成为智慧社会建设的重要组成部分。

智慧图书馆的发展背景体现了技术进步与社会需求之间的深刻互动。在未来的发展中，智慧图书馆将继续通过技术的创新和服务的升级，为用户提供更加优质的知识服务，同时在推动教育公平、文化传播和社会进步方面发挥更大作用。这一发展不仅是图书馆自身的转型升级，也是信息社会中知识服务体系的全面进化。

二、智慧图书馆的核心技术与系统架构

智慧图书馆的核心技术与系统架构是其实现智能化、个性化和高效服务的基础。在信息技术飞速发展的背景下，智慧图书馆通过整合人工智能、物联网、大数据、云计算等多种先进技术，构建了全新的系统架构。这一架构不仅优化了资源的管理与服务流程，还显著提升了用户体验，为知识传播和教育创新提供了强有力的技术支持。

智慧图书馆的核心技术体系首先包括人工智能技术。人工智能技术在智慧图书馆中的应用贯穿于资源推荐、智能检索、用户行为分析等多个方面。

通过机器学习和深度学习算法，智慧图书馆能够对用户的行为进行精准分析，提取用户行为数据。这些数据被用于优化个性化推荐系统，以帮助用户在海量资源中快速找到最符合需求的内容。自然语言处理技术的引入，使得用户与系统之间的交互更加自然和高效。用户可以通过语音或文本输入直接表达需求，系统通过语义分析准确理解用户意图并提供相关资源或服务。智能检索系统通过语义关联和知识图谱技术，将传统的根据关键词匹配进行检索升级为根据内容理解和语义推理进行检索，显著提高了检索的准确性和相关性。

物联网技术是智慧图书馆核心技术体系的重要组成部分。通过将物联网设备布设到图书馆的各个环节，智慧图书馆实现了资源的全程监控与自动化管理。RFID（射频识别）技术的应用，使图书的借阅、归还和库存管理环节变得更加便捷和高效。用户通过智能终端可以快速完成借阅操作，图书馆管理者能够实时了解资源的使用情况和分布状态。智能环境监控系统通过物联网传感器对馆内的温度、湿度、光线等环境参数进行实时监测和自动调节，为资源的保存和用户的舒适体验提供保障。此外，物联网技术还支持自助服务设备的运行，例如自助借还机、智能书架和移动服务终端，这些设备提升了服务效率，大幅降低了人力成本。

大数据技术在智慧图书馆的系统架构中起到了数据处理和决策支持的重要作用。智慧图书馆的运行离不开对用户行为数据、资源使用数据和服务反馈数据的分析与挖掘。通过大数据技术，图书馆可以对海量数据进行结构化和非结构化处理，从中提取有价值的信息。例如，对用户行为数据的分析可以帮助图书馆了解用户的阅读偏好和学习需求，为资源采购和服务设计提供科学依据；对资源使用数据的分析可以揭示热门资源和冷门资源的分布情况，从而优化资源配置和采购策略；对服务反馈数据的分析则为智慧图书馆的服务改进和创新提供了方向。大数据技术还支持实时监测和预测功能。例如，通过分析用户的预约记录和借阅历史，预测未来的资源需求并提前进行资源分配。

云计算是智慧图书馆系统架构中不可或缺的技术支撑。通过引入云计算，智慧图书馆能够实现资源的集中管理和分布式访问，使用户无论身处何地都可以通过互联网访问到所需的资源和服务。云计算还支持多用户并发访问和大规模数据处理，这为在线课程、学术交流和数字资源共享提供了技术保障。图书馆可以通过云计算平台与其他机构共享资源，形成跨区域、跨学科的知识网络，扩大资源的覆盖范围和服务的影响力。

智慧图书馆的系统架构设计注重模块化和可扩展性，以适应不断变化的技术环境和用户需求。核心系统通常包括资源管理系统、用户管理系统、服务交互系统和数据分析系统。资源管理系统负责资源的采集、存储、分类和检索，是智慧图书馆的核心功能模块。用户管理系统关注用户的注册、认证、行为记录和个性化服务，通过用户画像的构建实现精准服务。服务交互系统提供用户与图书馆之间的实时交互界面，包括智能客服、虚拟助手和多模态交互终端，为用户提供便捷的服务入口。数据分析系统整合了数据采集、处理、存储和分析功能，为智慧图书馆的运行和优化提供数据支持。

智慧图书馆的系统架构还强调安全性和稳定性。随着数据量的增加和服务范围的扩展，信息安全成为智慧图书馆建设中的重要议题。通过区块链技术，智慧图书馆能够保障数据的完整性和不可篡改性，为用户隐私保护和数据共享提供技术支持。多层次的安全架构设计，包括身份认证、权限管理、数据加密和入侵检测，确保了系统能安全运行，保护了用户数据。同时，系统的容灾能力和恢复机制也得到了充分考虑，通过冗余设计和分布式存储，智慧图书馆能够在意外情况下快速恢复运行，保障服务的连续性和稳定性。

智慧图书馆的核心技术与系统架构不仅是其智能化服务的基础，也是推动图书馆服务创新和知识传播的重要引擎。通过技术的深度融合和系统的科学设计，智慧图书馆在资源管理、用户服务和知识共享方面展现出了巨大的潜力。随着技术的进一步发展和应用的深入，智慧图书馆将不断优化其系统架构和服务模式，为教育、科研和文化传播提供更加智能化和个性化的支持。

三、智慧图书馆在信息素养教育中的应用

智慧图书馆在信息素养教育中的应用是信息技术与教育深度融合的成果。作为知识传播和信息管理的重要平台，智慧图书馆通过运用先进技术和创新服务模式，为信息素养教育提供了全新的支持路径。在现代社会中，信息素养教育已成为提升个体学习能力和社会竞争力的重要手段，而智慧图书馆的智能化功能和资源整合能力，为这一教育目标的实现注入了强大动力。

利用智能推荐系统提升信息素养教育的个性化水平是智慧图书馆在信息素养教育中的应用之一。通过大数据分析和人工智能技术，图书馆可以根据用户的阅读历史、检索行为和学习目标，精准推荐与其需求相符的资源。智能推荐不仅提升了学习效率，还帮助用户发现潜在的兴趣领域，进一步丰富用户的学习体验。通过将分散的资源以可视化的方式组织起来，知识图谱帮助用户更好地理解信息之间的关联性和逻辑关系。此外，智慧图书馆利用知识图谱技术，将复杂的信息体系转化为易于理解的学习资源，为信息素养教育提供了高效的工具。虚拟学习助手是智慧图书馆在信息素养教育中的另一重要应用。通过自然语言处理和语义分析技术，虚拟学习助手能够与用户进行实时交互，解答学习中的疑问并提供学习建议。虚拟助手还能够根据用户的反馈优化服务内容，如推荐更适合的资源或帮助用户调整学习路径。这种高互动性和即时性的支持，显著提升了用户的信息素养。

现代学习不仅需要文字资料，还需要多媒体资料的辅助。智慧图书馆利用图像识别、语音识别和视频处理技术，将图书、期刊、视频课程、音频讲座等资源无缝整合，为用户提供多样化的学习选择。这种多模态资源的整合，不仅满足了用户的不同需求，也增强了信息素养教育的趣味性和吸引力。通过对用户学习行为的实时监测和数据分析，智慧图书馆还能够生成个性化的学习报告，帮助用户了解自身的学习进展和薄弱环节。用户可以根据学习报

告调整学习计划，从而更有针对性地提升信息素养。此外，智慧图书馆通过在线平台和虚拟空间，为用户提供了多样化的教育活动，如信息检索工作坊、数字资源利用讲座和专题讨论会等。这些活动能帮助用户掌握实用的信息技能，也促进了知识的交流与分享。

智慧图书馆在信息素养教育中的应用，为现代教育提供了全新的模式和实践路径。通过运用智能技术、深度整合资源和不断创新服务模式，智慧图书馆已成为提升信息素养能力的重要平台。随着技术的不断进步，智慧图书馆在信息素养教育中的作用将更加突出，为未来教育模式的创新发展开拓更多可能性。

第二节　智慧图书馆与未来学习中心的融合发展

一、未来学习中心的教育理念与目标

未来学习中心的教育理念与目标聚焦于打造以学习者为中心的多维度学习生态系统，强调技术与教育的深度融合、知识与技能的同步发展，以及终身学习的可持续性。这一理念的核心是通过创新的教育模式和智能化的技术支持，为学习者提供灵活、开放、个性化的学习体验，同时推动知识共享与教育公平的实现。在智慧图书馆的技术支撑和资源整合能力的加持下，未来学习中心的构建已成为可能，为教育服务模式的转型提供了明确方向。

未来学习中心的教育理念强调学习路径的个性化与多样性，旨在满足学习者日益多样化的学习需求。在传统教育模式中，教学内容和教学方法往往以教师为中心，学习者在被动接受知识的过程中，难以充分满足自身的兴趣和发挥自身的潜能。未来学习中心通过应用先进的技术和学习模式的创新，

关注学习者的个体差异，鼓励学习者主动学习和发挥创造性思维。例如，基于人工智能的个性化学习系统能够根据学习者的兴趣、能力水平和学习目标动态调整教学内容和学习路径，使学习者能够以最适合自己的方式获取知识。这种模式提升了学习者的学习效率和参与感。

终身学习的理念是未来学习中心的重要理念支柱之一。在知识更新速度日益加快的时代，学习不再局限于学校教育阶段，而是贯穿于人的一生。未来学习中心通过提供开放性资源和灵活的学习方式，为学习者进行终身学习提供了强有力的支持。例如，学习中心可以通过在线课程、开放教育资源和个性化学习路径，为职业人士提供技能更新和知识扩展的机会。学习者无论是想要通过学习提升职业竞争力还是满足个人兴趣，都可以在学习中心找到适合自己的学习内容和方法。终身学习不仅为个体的发展提供了保障，也为社会的持续进步和创新注入了活力。

未来学习中心还注重培养学习者的信息素养和数字技能。随着信息技术的普及，信息素养已成为当下人们不可或缺的核心能力之一。未来学习中心通过整合智慧图书馆的资源与技术，为学习者提供了全面的信息素养教育支持。例如，学习中心可以设计专题课程，帮助学习者掌握信息检索、数据分析和知识管理等技能；通过虚拟学习助手和智能推荐系统，学习中心为学习者提供实时的信息支持和学习建议。这种针对信息素养的教育，提升了学习者的知识获取能力，也增强了其在复杂信息环境中做出理性判断的能力。

未来学习中心的教育还强调学习与实践的结合，旨在通过实践驱动学习的模式培养学习者的实际操作能力和创新意识。在这一培养模式下，学习者不仅能通过课程学习知识，还能通过实践活动将知识转化为能力。例如，学习中心会与企业和研究机构合作，提供基于知识实践的学习项目和实习机会，帮助学习者将理论知识应用于实践中。这种学习与实践相结合的模式，不仅提高了学习的实用性，也增强了学习者的创新能力和职业竞争力。

未来学习中心的教育目标包括培养学习者的跨学科能力和解决实际问题

的综合素养。现代教育往往涉及多个学科的知识融合，单一学科的视角已不足以应对复杂的学习需求。未来学习中心通过构建跨学科的学习环境，为学习者提供多领域知识的整合平台。这种跨学科的教育模式，拓宽了学习者的知识视野，也培养了学习者的批判性思维和系统性解决问题的能力。

未来学习中心还注重学习的协作性与社交性。学习不仅是个体的行为，也是一个社会化的过程。通过与他人互动，学习者能够更深刻地理解知识、拓展思维和提升能力。未来学习中心通过构建虚拟学习社区和协作平台，为学习者提供更多交流与合作的机会。例如，学习者可以在学习中心的平台上参与团队项目，与其他学习者共同解决复杂问题，或者以在线讨论、案例分析等形式，与不同背景的学习者分享观点、交换经验。这种协作性学习模式，不仅提升了学习者的学习效果，也增强了学习者的团队合作能力和全球化视野。

在技术驱动的背景下，未来学习中心注重学习体验的优化，通过智能化技术为学习者提供沉浸式的学习环境。例如，未来学习中心应用虚拟现实和增强现实技术，使学习者能够在模拟的真实场景中学习和实践。这种沉浸式学习体验能帮助学习者更直观地理解和掌握知识。此外，未来学习中心还可通过语音识别、自然语言处理等技术，为学习者提供更便捷的交互方式，进一步提升学习的效率。

未来学习中心还关注教育的公平性和包容性。通过智慧图书馆的资源共享和在线学习开放平台，学习中心能够为更多人群提供平等的学习机会。未来学习中心对教育公平的追求，体现了社会的进步，为社会的可持续发展提供了保障。

二、智慧图书馆在未来学习中心中的功能定位

智慧图书馆在未来学习中心中的功能定位是其技术优势与教育资源结合

的体现。智慧图书馆通过整合资源、优化服务为未来学习中心提供了多维度的支持。智慧图书馆不仅限于用来存储和检索知识，还在信息整合、个性化学习、协作平台建设以及教育资源公平分配等方面发挥了核心作用，为学习者创造了更加智能化、多样化和高效的学习环境。

未来学习中心作为学习者的知识平台，需要多样化的教育资源，以满足学习者的多层次需求。智慧图书馆凭借先进的数字化和智能化技术，能够高效整合和管理各种形式的知识资源，包括电子书、电子期刊、音频、视频和开放式在线课程等。这种资源整合功能为学习者提供了丰富的学习内容，还通过与语义关联和智能推荐等功能结合，帮助学习者快速找到与其学习目标相关的资源。智慧图书馆的资源整合功能为未来学习中心的教育内容建设奠定了坚实基础，提升了学习资源的利用效率。

现代学习者对学习路径和学习资源的个性化需求日益增加，智慧图书馆的智能推荐系统能够通过对学习者行为数据的分析，为每位用户定制专属的学习方案。这种高度个性化的服务，不仅提升了学习者学习的效率和效果，还提升了学习者的学习体验。

未来学习中心不仅是个体学习的场所，也是知识交流与协作的空间。智慧图书馆通过虚拟学习社区和协作工具，为学习者提供了丰富的互动机会和协作支持。例如，学习者可以在智慧图书馆的平台上参与主题讨论、共同编辑文档或分享学习成果。通过智慧图书馆的协作功能，未来学习中心能够为学习者创造更加开放和多样的学习体验，推动学习者进行群体学习。

未来学习中心不仅服务于学习者的学习需求，也为研究者提供了丰富的知识资源和工具支持。智慧图书馆通过整合学术资源、提供数据分析工具和构建虚拟研究环境，为研究者的创新活动提供了全方位的支持。例如，研究者可以通过智慧图书馆访问全球范围内的学术资源，利用大数据分析工具进行数据挖掘和知识发现。这种知识创新支持功能，使未来学习中心不仅成为学习的空间，也成为研究和创新的重要平台。

通过资源整合、个性化学习支持、协作平台建设和教育公平促进等多方面的功能，智慧图书馆为未来学习中心的构建提供了全方位的支持。智慧图书馆在未来学习中心中的功能定位不仅推动了教育服务模式的创新，也为学习者的全面发展和社会的知识进步注入了新的活力。在未来的发展中，智慧图书馆将继续优化其功能定位，为未来学习中心的建设和教育生态系统的完善做出更大贡献。

三、未来学习中心与智慧图书馆的协作创新模式

未来学习中心与智慧图书馆的协作创新模式是现代教育与信息服务深度融合的具体实践。通过技术平台的对接、资源的共享以及服务模式的创新，这种协作关系不仅为学习者提供了更丰富的教育支持，也拓展了智慧图书馆的服务边界，使其成为未来学习中心的重要支柱和合作伙伴。协作创新模式不仅改变了传统模式下图书馆和教育机构各自孤立运作的方式，还形成了一种共建共享的教育生态，推动了教育公平与知识创新。

智慧图书馆拥有丰富的数字化资源和强大的知识管理能力，而未来学习中心则需要多样化的学习内容来满足用户的个性化需求。二者的协作使得智慧图书馆的资源能够更加高效地服务于学习者。例如，在未来学习中心的平台上，用户可以直接访问智慧图书馆的电子书、学术期刊和多媒体课程，而智慧图书馆通过对平台的用户数据分析，可以调整资源推荐策略。这种资源的动态整合和双向支持，提升了资源的利用效率，为学习者创造了更便捷的获取学习内容的途径。

在现代教育中，跨学科知识的整合是解决复杂问题的重要方式，而智慧图书馆通过资源整合和知识关联为这一需求提供了强有力的支持。未来学习中心可以利用智慧图书馆的跨学科资源构建综合性的学习项目，为学习者提供全面的知识框架。这种跨领域的协作模式，不仅拓宽了学习者的视野，也

培养了学习者综合分析问题和解决问题的能力。

未来学习中心与智慧图书馆的协作还在社会服务和知识传播方面展现了巨大的潜力。通过将开放教育资源和在线教育平台结合，为更多用户提供了平等的学习机会和高质量的教育支持。这种协作模式逾越了教育鸿沟，促进了教育的公平性和普及性。智慧图书馆还可以与未来学习中心共同设计面向社会的开放课程，如技能培训、文化传承和科普教育，为公众提供更加多的学习机会。

未来学习中心和智慧图书馆通过数据共享平台，可以实时监测用户的学习行为和资源使用情况，并基于这些数据进行深度分析。这种基于数据的协作模式，不仅提升了教育服务的效率和精准度，也为个性化学习和提升教育质量提供了科学支持。

在人工智能、物联网和大数据技术的支持下，两者通过协作，能够不断探索新的教育服务形式。例如，通过虚拟现实技术，未来学习中心可以与智慧图书馆合作开发沉浸式学习环境。这种技术驱动的协作模式，拓展了学习的可能性，为教育服务模式的创新提供了更多想象空间。

未来学习中心与智慧图书馆通过资源共享、技术融合和服务创新等方面的协作，为教育服务提供了更加全面的支持。二者的协作不仅满足了学习者日益多样化的需求，也为教育公平、知识传播和社会创新提供了重要保障。在技术不断进步和教育需求不断变化的背景下，未来学习中心与智慧图书馆的协作将继续深化，为现代教育服务模式的转型与发展注入新的活力。

第三节　智慧图书馆服务模式的创新实践

一、基于人工智能的智能导读服务创新

基于人工智能的智能导读服务创新是智慧图书馆服务模式发展的重要方向之一。这种创新不仅改变了传统导读服务的方式，还通过技术的应用提升了服务的精准度、互动性和用户体验，为现代图书馆在信息化和智能化转型中注入了新的活力。智能导读服务结合了语义分析和用户行为数据分析等多种技术，能够为用户提供个性化的资源推荐、知识扩展和学习支持，满足用户多样化的阅读需求。这种服务模式通过人工智能技术深度挖掘用户的阅读偏好、兴趣领域和学习目标，生成个性化的导读方案。例如，系统会根据用户的借阅记录、资源浏览数据和搜索行为，推断用户的阅读习惯和知识需求。在此基础上，系统可以自动推荐与用户兴趣相关的书籍、文章和多媒体资源，并生成一份导读指南，帮助用户高效获取所需信息。这种基于数据驱动的导读服务，提升了用户获取资源的效率，还通过精准的推荐激发了用户的阅读兴趣和学习欲望。

智能导读服务的实现依赖于语义分析和自然语言处理技术。这些技术使得系统能够准确理解用户的语言表达和信息需求，从而提供更加贴合的导读内容。例如，当用户在搜索栏输入“人工智能基础书籍”时，系统能够通过语义分析识别用户的真实需求，推荐一系列与该主题相关的经典书籍、研究论文。同时，系统还可以根据用户的学习进度和反馈，动态调整推荐内容，确保用户始终能够接触到适合其水平和需求的资源。这种智能化的语义识别和推荐功能，使导读服务从单向的信息推送转变为双向的智能互动。

智能导读服务在支持深度阅读和知识扩展方面展现了显著优势。通过知识图谱技术，系统可以将分散的知识点以结构化的方式呈现，帮助用户建立基于主题的全景视图。例如，用户在阅读某一本历史书籍时，系统可以自动推荐相关的历史档案、文化背景资料和多媒体资源，帮助用户全面理解该书籍所涉及的背景和主题。知识图谱的应用不仅增强了阅读的层次感，也为用户的知识扩展提供了多样化的选择。这种深度导读服务提升了用户的阅读体验，还帮助用户在学习过程中形成系统的知识结构。

智能导读服务还注重学习路径的设计与优化。系统通过分析用户的学习目标和行为轨迹，为其设计个性化的阅读计划。这种智能化的路径设计，可帮助用户更高效地达成学习目标。此外，系统还能够根据用户的学习反馈不断优化学习路径，例如调整学习节奏、增加补充资料或推荐更适合的学习方式。

在互动性方面，智能导读服务通过虚拟学习助手为用户提供实时支持。虚拟助手能够通过语音或文本与用户进行互动，解答疑问，并提供学习建议。例如，当用户在阅读过程中遇到某一复杂概念时，可以通过虚拟助手获取相关的背景知识或参考资料。这种实时互动服务，提升了用户的学习体验，增强了导读服务的实用性和灵活性。

智能导读服务的创新实践还注重多模态资源的整合与应用。现代读者不仅需要文字学习资料，还需要结合图像、音频、视频等多种形式的学习材料。系统通过人工智能技术，将多模态资源整合到导读服务中，为用户提供更加丰富的学习选择。例如，在导读文学作品时，系统不仅提供原著文本，还会推送与之相关的影视作品、作者访谈和学术评论，帮助用户从不同角度理解作品。这种多模态导读服务，不仅满足了用户的多样化需求，也使阅读体验更加生动。

在社会化阅读方面，智能导读服务通过虚拟社区和协作平台，为用户创造了更多交流与分享的机会。例如，系统可以根据用户的阅读记录将其加入相关的主题讨论组，或推荐阅读伙伴，促进用户之间的知识分享和思想交流。用户还可以在平台上分享自己的阅读心得或创建导读清单，与其他用户共同探讨某一主题。这种社会化的导读模式，增强了阅读的趣味性，提升了用户的参与感和归属感。

基于人工智能的智能导读服务创新不仅体现了智慧图书馆在技术应用方面的优势，也彰显了其在知识服务中的核心价值。通过资源整合、个性化推荐和互动支持，这一服务模式为用户创造了全新的阅读体验，同时推动了图书馆从传统服务模式向智能化服务模式的全面转型。在未来的发展中，智能导读服务将继续通过技术的进步和模式的优化，为学习者提供更加高效、便捷和多样化的知识支持，成为智慧图书馆服务模式创新的重要标志。

二、图书馆资源管理技术的智能化提升

在信息技术飞速发展的背景下，图书馆传统的资源管理方式逐渐显现出效率低、灵活性不足等问题，智能化技术的引入为图书馆资源管理带来了全新的方案。通过与人工智能、大数据、物联网等技术的深度融合，图书馆的资源管理在数据处理、资源分配、使用效率等方面得到了全面优化，为知识服务和信息传播提供了更高效的支持。

传统的图书采购决策依赖于人工审核和经验判断，容易受到主观因素的影响。通过引入人工智能技术，图书馆可以利用用户需求分析和数据挖掘对采购决策进行优化。例如，系统能够根据用户的借阅记录、资源使用情况和热点主题，自动识别用户需求并生成采购建议。这种数据驱动的采集模式，提高了采购的精准度，有效减少了资源浪费。

在资源的存储和管理方面，智能化技术实现了资源的高效组织和动态调整。通过大数据和云计算，图书馆能够对海量资源进行集中管理和分布式存储，用户可随时随地访问。云平台的引入，使图书馆资源不再局限于物理空

间，能够以数字化形式实现全球共享。例如，智慧图书馆可以通过云平台与其他机构建立资源共享网络，用户能够通过统一的入口访问不同图书馆的资源。这种跨机构的资源整合和共享，提升了资源利用效率，也拓展了图书馆的服务范围，增加了图书馆的社会价值。

在资源的使用和保护环节，智能化技术同样发挥了不可替代的作用。物联网技术的引入，使图书馆能够实现资源的全生命周期监控和管理。通过RFID标签和智能书架，图书馆可以实时了解图书的借阅状态、库存分布和流通情况，帮助管理者优化资源调配。例如，当某一本书的借阅需求过高时，系统可以自动生成补充采购建议；对于长期未被借阅的书籍，系统会建议调整其存放位置或将其数字化，从而提高馆藏空间的利用效率。同时，智能化的环境监控系统能够实时监测馆内温度、湿度和光线等条件，保护实体资源免受外界环境的损害。智能化技术在提升资源管理效率的同时，也为用户体验带来了质的飞跃。

智能化技术还推动了资源管理的透明化和科学化。通过大数据分析，图书馆可以实时了解资源的使用情况和用户需求，为资源配置和服务优化提供科学依据。例如，系统可以生成资源使用报告，分析用户的借阅偏好和行为模式，帮助图书馆制定更加精准的服务策略。这种数据驱动的资源管理模式，提高了资源管理的效率，也增强了图书馆对用户需求的响应能力。同时，数据分析结果还可以为图书馆的长期发展规划提供支持，确定未来的资源采购方向和服务扩展领域。

三、智慧图书馆服务案例的分析与经验总结

智慧图书馆的服务案例为现代图书馆的功能转型和服务优化提供了鲜活的实践样本，通过对案例的分析和经验总结，能够更清晰地理解智慧图书馆在技术应用和服务创新中的潜力，可作为未来智慧图书馆建设的参考。

一个典型的智慧图书馆服务案例是芬兰赫尔辛基中央图书馆 Oodi 的创新实践。Oodi 图书馆不仅是知识存储与传播的场所，更是集学习、创作、社交和文化活动于一体的多功能公共空间。其服务与人工智能技术深度融合，体现了智慧图书馆的核心理念。在 Oodi 图书馆，用户可以通过智能交互平台访问海量数字资源。智能系统通过分析用户的兴趣、搜索历史和借阅记录，为用户实时推荐符合需求的学习材料。Oodi 图书馆还部署了智能化的馆内导航系统，用户通过移动设备可以实时定位所需资源的位置，并获取与资源相关的扩展学习建议。这种服务模式优化了用户的体验，也提高了资源利用效率。Oodi 图书馆的成功在于其做了以用户为中心进行智能服务设计。一方面，Oodi 图书馆利用人工智能技术实现了资源推荐的个性化与动态化，为用户提供了更加精准的知识支持。另一方面，馆内导航和互动系统为用户提供了便捷的资源查找和获取路径，降低了信息获取的时间成本。此外，Oodi 图书馆还注重空间功能的多样化设计，将学习空间、创作空间与社交空间有机结合，为用户创造了一个开放而富有活力的学习与交流环境。这种服务模式展现了智慧图书馆在满足现代用户多样化需求方面的强大潜力。

荷兰代尔夫特技术大学图书馆以服务创新和技术驱动为特点，为学生和研究人员提供了高效的知识支持和良好的学习环境。代尔夫特技术大学图书馆通过智能化资源管理系统整合了全校范围内的学术资源，为用户提供统一的访问入口。用户不仅可以通过这一系统获取所需的文献资料，还可以利用图书馆提供的分析工具对数据进行深度挖掘。例如，研究人员可以通过系统内置的可视化工具分析实验数据、生成图表或创建知识图谱。这种功能特别适用于跨学科和复杂项目的研究。代尔夫特技术大学图书馆的另一个显著特点是其智能化的学习支持系统。该系统结合虚拟现实技术，为用户提供模拟实验室，使用户能够在虚拟空间中进行实验设计、操作。这种服务方式克服了实验设备和时间的限制，还为学生提供了更加安全和高效的学习体验。代尔夫特技术大学图书馆的实践经验表明，智慧图书馆不仅是知识获取的场所，更是推动学习与研究创新的关键平台。

通过以上案例可以发现，智慧图书馆的服务创新需要以用户需求为核心，结合先进技术和资源整合能力，打造高效、便捷、互动性强的服务体系。无论是 Oodi 图书馆的多功能设计，还是代尔夫特技术大学图书馆的科研支持，都体现了智慧图书馆在推动知识传播、提升用户体验和支持社会创新中的重要作用。这些实践经验为全球范围内智慧图书馆的发展提供了重要的参考。

第五章　图书馆信息素养教育资源的智能化建设

第一节　数据挖掘与知识图谱的构建

一、数据挖掘的技术原理与教育应用

数据挖掘的技术原理与教育应用是智慧图书馆信息素养教育资源智能化建设的基础环节。数据挖掘是从大量数据中发现隐藏模式和有用信息的技术，依托数学、统计学、人工智能和数据库技术，这一技术为智慧图书馆和教育领域的创新提供了强有力的支持。

数据挖掘包括分类、聚类、关联规则挖掘、回归分析和序列模式挖掘等核心技术。分类技术通过建立预测模型，将新数据归类到已有的类别中，用于分析用户的行为模式。例如，图书馆可以利用分类技术预测不同用户群体对资源类型的需求，为个性化服务提供依据。聚类技术则用于将数据分组，发现数据中的隐性规律。在图书馆服务中，聚类可以帮助管理者识别用户的阅读偏好、学习目标或使用习惯，从而制定针对性的资源推荐策略。关联规则挖掘能够揭示数据间的隐性联系，例如分析用户的借阅记录，发现同时借

阅多种书籍的潜在关联性，为推荐系统提供支持。在图书馆信息素养教育中，可以通过数据挖掘技术分析用户的学习行为和知识需求，优化课程设计和教学内容。例如，通过数据挖掘技术，可以对学习者学习在线课程的时长、课程中的互动频率和作业成绩等数据进行挖掘分析，帮助教育者了解学生的学习进度和薄弱环节，从而调整教学策略或提供个性化辅导。这种数据驱动的教育支持模式提升了教学效率，也增强了学习者的学习体验。此外，数据挖掘技术还能预测学习者的学习效果。例如，通过分析学习者使用学习资源的模式预测学习成果，为学习者提供改进建议。

知识图谱是数据挖掘技术在图书馆中的重要应用之一。通过将数据结构化和语义化，知识图谱为用户提供直观的知识体系和深度学习路径。通过应用知识图谱，分散的资源可以被关联起来，构建起主题之间的逻辑关系网络。例如，在学习某一领域的知识时，知识图谱能够显示该领域的核心概念、研究方向和相关资源，帮助用户快速了解领域全貌，进行深入研究。在信息素养教育资源的建设中，应用数据挖掘技术构建的知识图谱进一步提升了资源的管理效率。

数据挖掘技术在图书馆信息素养教育资源的智能化建设中具有不可替代的作用。通过深入挖掘用户行为数据和资源使用数据，图书馆能够实现资源的精准配置、知识图谱的动态构建和教育服务的智能优化。数据挖掘技术驱动的建设模式，不仅提升了用户体验，也为知识传播和教育创新提供了强有力的支持。在未来的发展中，随着数据挖掘技术的不断进步和智慧图书馆的持续发展，数据驱动的教育资源建设将取得更好的成效。

二、知识图谱的构建方法与教育功能

知识图谱作为一种语义网络，可以将分散的知识点通过关联关系组织起来，以图形化的形式呈现知识体系，帮助用户直观地理解复杂信息的结构。

这种技术不仅能够提升信息检索的效率，还能为教育内容的系统化与可视化提供新的解决方案，为学习者打造更加清晰、互动性更强的学习路径。

知识图谱的构建方法主要包括数据收集、知识抽取、知识融合、知识建模和知识推理等关键步骤。在数据收集阶段，系统通过整合多种数据源，获取构建知识图谱所需的基础数据，这些数据包括结构化数据、半结构化数据和非结构化数据。通过进行多渠道数据整合，知识图谱能够覆盖多领域、多维度的知识，为用户提供全面的内容支持。

知识抽取是构建知识图谱的过程中至关重要的一步。知识抽取是指运用自然语言处理和语义分析技术，从文本中提取关键的实体、属性和关系。例如，对于一篇关于人工智能的文章，系统可以识别出“人工智能”“机器学习”“深度学习”等核心实体，并提取出它们之间的关系，如“机器学习是人工智能的一个子领域”。这种基于语义理解的知识抽取，不仅确保了数据的准确性，还为建立知识的组织和关联奠定了基础。

知识融合是知识图谱构建中的重要环节。知识融合是指通过对不同来源的知识进行去重、对齐和补充，确保图谱内容的一致性和全面性。例如，来自不同数据库的同一主题的条目可能存在名称差异或内容重复，通过知识融合这一环节，系统可以将这些同一主题的条目整合为单一的知识节点，去除冗余信息并补充遗漏内容。知识融合增强了知识图谱的语义完整性和结构一致性，为后续的知识建模提供了高质量的基础数据。

知识建模是指将抽取和融合的知识按照特定的逻辑结构组织起来的过程。在这一阶段，系统通过定义实体类型、关系类型和属性规则，构建出知识的语义网络。例如，知识图谱中的一个节点可以代表一个学科领域，而边则表示这些领域之间的关联关系，如“衍生于”“应用于”或“影响了”。这种结构化的建模方法，使知识图谱不仅能够展示孤立的信息点，还能展示信息之间的内在联系和逻辑结构，为用户提供系统性的知识视图。

知识推理是构建知识图谱的高级方法，指通过对已知知识的逻辑推断，发现隐含的关系或生成新的知识。例如，用户在学习某一领域的知识时，系统可以基于现有的知识图谱，推导出相关的学习资源或研究方向，为用户提供扩展建议。这种基于知识推理的服务，提升了图书馆的知识支持能力，为学习者提供了更丰富的学习资源。

知识图谱在教育功能方面具有多层次的应用价值。首先，知识图谱为学习者提供了清晰的知识结构图，使复杂的信息变得直观和易于理解。例如，在学习机器学习领域时，知识图谱能够直观展示该领域的关键技术、算法和应用场景，帮助学习者快速掌握领域全貌。这种可视化的学习方式，降低了学习难度，提升了知识的记忆与理解效果。知识图谱还支持为用户提供个性化的学习路径设计。获取用户的学习目标和行为数据后，知识图谱可以动态生成与用户需求匹配的学习路径。知识图谱在帮助学习者跨学科学习时也具有独特优势。例如，在学习环境科学时，知识图谱可以关联整合跨学科的相关研究内容，帮助学习者从多维度理解问题。这种跨学科的学习支持，拓宽了学习者的知识视野。此外，知识图谱的教育功能还体现在实时更新与动态扩展的功能，以及为学习者提供高效的互动平台。

知识图谱的构建方法与教育功能为智慧图书馆的信息素养教育资源建设提供了强大的技术支持。通过先进的构建技术和多样化的教育功能，知识图谱不仅优化了图书馆的资源管理与服务能力，也为学习者提供了系统化、个性化和高效的知识获取路径。在未来的发展中，知识图谱的构建技术不断完善和智慧图书馆的持续创新，将进一步拓展它们在教育领域的应用范围。

三、数据挖掘与知识图谱在信息素养教育中的实践

数据挖掘与知识图谱在信息素养教育中的实践，展示了智慧图书馆如何通过技术赋能提升用户的信息能力与学习效率。这两项技术的结合，不仅为信息的获取、整理和利用提供了强有力的支持，也在教育模式的创新和服务

方式的优化中发挥了重要作用。

数据挖掘与知识图谱在信息素养教育中的结合，为个性化学习提供了强有力的支持。通过分析学习者的行为数据和知识图谱的语义关联，系统可以动态调整学习路径和推荐内容。这种个性化的学习支持，提升了学习者学习的效率和效果。在实践中，数据挖掘与知识图谱的结合还完善了资源的动态更新和优化管理等功能。例如，通过对资源使用频率和用户反馈的分析，系统可以识别出最受欢迎的资源类型或知识领域，并优先更新相关内容。这种基于数据的资源优化模式，不仅提升了资源管理的效率，也确保了教育内容始终保持前沿性和实用性。

在信息共享与协作学习中，数据挖掘与知识图谱的结合为学习者提供了更多的互动机会和知识交流平台。在全球范围内，数据挖掘与知识图谱的实践也为教育公平和资源普及提供了有力支持。通过开放式学习平台和智能化资源共享机制，不同地区的用户可以通过互联网获取优质教育资源。

数据挖掘与知识图谱在信息素养教育中的实践，体现了技术赋能教育的优势，也为智慧图书馆的功能转型和服务优化提供了新思路。通过两者的结合，学习者能够更高效地获取知识、优化学习路径，并在协作中拓宽视野。这种技术驱动的教育实践为教育模式的创新和知识生态的构建注入了新的活力。随着技术的不断进步和智慧图书馆的持续发展，数据挖掘与知识图谱在信息素养教育中的应用前景将更加广阔，为知识传播和社会进步提供更大的支持。

第二节　数字教育资源的智能共享与优化

一、数字资源共享的技术基础与实践难点

随着信息技术的快速发展，数字资源已成为知识传播和教育支持的重要形式。然而，实现高效的资源共享，需要有先进的技术支撑，并且会面临一系列实践中的挑战和难点。数字资源共享的技术基础主要体现在数据存储、传输和访问技术的整合与应用上。云计算技术为数字资源共享提供了强大的存储和计算支持。通过云平台，图书馆能够将海量数字资源集中存储，并实现跨地域的快速传输和访问。云技术的分布式存储和高可用性特性，确保了资源的可靠性和访问的灵活性。此外，云计算还支持资源的弹性扩展，能够根据用户需求动态调整存储容量和计算能力，为数字资源的高效管理奠定了基础。大数据技术为数字资源的整合和分析提供了支持。图书馆中的数字资源的形式多样，包括电子书、期刊数据库、多媒体资料和用户生成内容。通过大数据技术，这些分散的数据可以被整合为统一的资源池，方便用户通过单一接口进行检索。

同时，大数据技术还支持对资源使用行为进行分析，例如，对用户访问频率、搜索关键词和内容偏好等行为数据进行分析。这些分析结果有助于图书馆优化资源配置，也为个性化的资源推荐和共享提供了数据支持。人工智能技术在数字资源共享中发挥了重要作用，尤其是在资源推荐功能方面。通过自然语言处理和语义分析技术，系统能够理解用户的搜索意图并提供高相关性的资源推荐。例如，当用户输入模糊的搜索关键词时，系统可以通过语义分析技术理解其潜在需求，提供相关主题的资源。

物联网技术为数字资源的物理与虚拟整合提供了支持。通过智能设备，物联网能够连接实体馆藏与数字资源，为用户提供多模态的访问方式。例如，用户在图书馆借阅实体书籍时，系统可以通过 RFID 技术记录借阅行为，并推送相关的电子资源或扩展阅读建议。这种共享模式，不仅提升了资源的利用率，也为用户创造了更丰富的学习体验。

尽管这些技术为数字资源共享提供了有力支持，但在进行数字资源共享的实践时，仍面临诸多难点。资源标准化是共享中的首要难点。由于不同图书馆或机构在资源格式、分类标准和元数据描述上存在差异，资源在共享时往往面临不兼容问题。例如，某些电子书的格式可能无法被其他平台直接读取，分类体系的差异可能导致检索结果的不一致。为解决这一问题，需要制定统一的资源标准，并推广通用的元数据模型，以确保资源的跨平台共享和无缝对接。资源版权问题也是数字资源共享在实践中遇到的挑战。数字资源共享往往涉及多个版权主体，包括资源的创建者、出版商和分发平台。在未明确版权归属和使用权限的情况下，共享行为可能引发法律纠纷。版权问题在跨国资源共享中尤为突出，因为不同国家和地区对版权的法律规定存在差异。为此，需要在共享机制中引入版权管理系统，通过数字版权管理技术（DRM）保护资源的合法使用，同时为用户提供透明的版权信息和使用规则。

此外，在资源共享过程中，用户的行为数据和访问记录可能被存储和分析，而这些数据的泄露可能对用户隐私构成威胁。此外，数字资源本身也可能面临未经授权的复制或篡改风险。因此，共享系统需要采用多层次的安全防护措施，如数据加密、访问权限控制和实时监控，确保资源和用户数据的安全性。

共享机制的公平性也是需要关注的问题。在资源有限的情况下，如何在不同用户之间分配资源是一项复杂的任务。例如，当多个用户同时访问热门资源时，如何确保资源公平分配的同时保证高优先级用户的需求得到满足，是共享系统需要解决的问题。引入智能排队算法和动态优先级策略是解决这类问题的策略之一。技术门槛与数字鸿沟也是制约资源共享的重要因素。尽管技术基础日益完善，但偏远地区或经济欠发达地区的用户可能因基础设施不足或技术设备落后，无法平等地享受资源共享的成果。这种数字鸿沟不仅限制了资源的覆盖范围，也不利于教育公平的实现。为此，需要通过基础设施建设和技术培训，帮助这些地区提升数字资源的获取能力，同时探索低成本的资源共享方案。

数字资源共享的技术基础与实践难点构成了智慧图书馆建设中的核心议题。通过深度运用云计算、大数据、人工智能和物联网技术，图书馆能够实现高效的资源整合与分发，为用户提供多样化的资源访问方式。然而，标准化、版权管理、安全保障和公平性问题仍是完善资源共享机制需应对的关键挑战。在未来的发展中，通过技术的进一步更新与制度的优化，数字资源共享将更加广泛地应用于教育、科研等领域，为知识传播和教育公平提供持续支持。

二、人工智能驱动的资源共享与优化路径

人工智能驱动的资源共享与优化路径为图书馆信息素养教育资源的智能化建设注入了强大的技术动力。随着人工智能技术的快速发展，资源的共享和优化不再局限于简单的分发模式，而是实现了动态化、个性化和智能化的深度革新。通过引入自然语言处理、机器学习、知识图谱和深度学习等技术，人工智能驱动下的资源共享的效率不断提升、优化路径不断完善，用户获得了更高质量、更精准的服务。人工智能对资源共享的核心作用体现在对资源的语义理解和深度关联上。传统的资源共享通常以关键词匹配为基础，缺乏对资源内容的深入理解，可能导致资源推荐的精准度不足。通过自然语言处理技术，系统可对资源的语义进行深度解析，提取核心概念和主题关联。例如，当用户搜索“环境保护政策”时，系统不仅可以推荐直接相关的文献，

还能够基于语义分析推荐与气候变化、环保法规以及政策影响等领域相关的资源。这种基于语义的资源共享模式显著提升了用户获取信息的效率和资源的使用价值。

在资源共享平台中，系统可以根据用户的搜索记录、点击行为和阅读偏好，动态生成用户画像，并根据画像为其推荐最符合需求的资源。通过应用机器学习，系统还能够根据用户的反馈不断优化推荐模型，确保资源推荐的持续精准。这种基于用户行为的动态共享模式，为图书馆的服务精准化提供了有力支持。

知识图谱技术在推动资源共享与优化路径的发展中扮演了重要角色。通过构建资源的语义网络，知识图谱能够直观展示资源之间的关联关系，为用户展示更加系统的知识结构。例如，用户在学习某一课程时，可以通过知识图谱了解该课程的核心概念、相关领域以及扩展资源。这种可视化的资源共享模式，能够帮助用户快速定位所需内容，为用户进行深入学习提供了拓展路径。知识图谱的动态更新能力使其能够始终保持资源的更新，为持续优化资源共享功能提供了技术保障。

通过对资源使用数据的实时监测和分析，系统能够识别高频使用资源和低利用率资源，并据此调整资源配置策略。例如，针对使用频率高的热门资源，系统会优先增加这些资源的数字化版本或扩展访问权限，满足更多用户的需求；对于低利用率的资源，系统会通过改进资源描述、优化推荐策略或重新分类等方式提升其使用率。这种数据驱动的动态优化路径，提高了资源的整体利用效率，确保了资源的持续更新和合理分配。

人工智能技术在资源共享与优化路径中的另一重要应用是智能化的内容生成与补充。例如，基于已有的研究数据和文献，系统可以生成摘要、报告或知识点图解，作为补充资源供用户使用。这种资源生成与优化能力，扩展了图书馆资源建设的可能性，满足了用户对新兴知识的即时需求。

从语义分析到知识图谱，从动态优化到个性化推荐，人工智能驱动的资源共享与优化路径正推动图书馆从传统的信息存储中心向知识服务中心转型。在未来的发展中，人工智能技术的深入应用将进一步优化资源共享模式，为教育公平、知识创新和社会进步注入新的活力。

三、教育资源智能共享的典型案例分析

接下来我们通过国内和国外的两个实际案例，深入了解这一领域中的实践成果。中国国家数字图书馆的资源共享平台依托强大的技术基础与资源整合能力，实现了覆盖全国的教育资源共享服务。通过云计算和大数据技术，平台整合了国内高校图书馆、公共图书馆和研究机构的数字资源。用户只需通过统一的入口即可访问这些资源，这极大地降低了跨机构资源获取的难度。中国国家数字图书馆还通过应用人工智能技术提升了资源共享的智能化水平。例如，采用自然语言处理技术优化检索系统，使用户可以通过语义搜索获取更精确的检索结果。国家数字图书馆在教育资源智能共享的另一个成果体现在对教育公平领域的贡献上。通过与偏远地区的学校和社区建立合作，中国国家数字图书馆的资源共享平台将优质教育资源输送到资源匮乏的地区。例如，通过设立远程学习中心和移动图书馆站点，使各地区的学生和教师能够享受到优质的资源服务。这种模式有效弥补了区域发展不平衡导致的教育资源分配不均问题，为推动教育公平和社会进步发挥了重要作用。

美国麻省理工学院的开放课程项目（MIT Open Course Ware）是教育资源智能共享领域的先驱之一，该项目的核心目标是通过网络将 MIT 的课程资源免费开放给全球用户。与传统的在线课程平台不同，MIT 开放课程项目将讲义、作业、考试题目和教学视频等完整的课程资料以数字化形式发布在平台上，并提供给用户自由下载和使用的权限。这种开放模式极大地降低了优质教育资源的获取门槛，为全球范围内的学习者提供了平等的学习机会。该开放课程项目通过技术的深度应用进一步优化了资源共享的智能化水平。平台

采用知识图谱技术将课程内容进行结构化重组，用户可以根据主题、学科或研究方向浏览相关课程。例如，一名希望学习人工智能课程的用户，可以通过知识图谱看到相关领域的基础课程、高级课程和实际应用案例，这种可视化的资源导航方式，能够帮助用户快速构建系统性的知识框架。此外，该平台还结合机器学习技术实现了个性化推荐。用户在完成一门课程后，系统会根据其学习行为和兴趣自动推荐后续学习资源和扩展领域。这种服务模式为用户提供了高效的学习支持。这一开放课程项目在推动全球教育公平上取得了显著效果。通过与多个国际组织和教育机构的合作，该平台将课程内容翻译成多种语言，并将课程推广到那些技术条件有限的地区。例如，非洲一些发展中国家的教师通过该平台获取了先进的教学资源，并将这些资源融入本地课程设计中，提升了当地的教育水平。该项目还支持用户之间的知识分享。用户可以在课程页面上分享学习心得、讨论课程内容或提出改进建议，这种开放的互动模式进一步增强了教育资源的共享。

通过这两个案例可以看到，教育资源智能共享的成功实践离不开人工智能技术的深度应用、资源的高效整合和服务模式的创新。中国国家数字图书馆和 MIT 开放课程项目分别在国内和国际范围内展示了教育资源共享的多种可能性。在未来的发展中，这些应用经验将继续推动教育资源智能共享的深化与完善，为全球教育事业的可持续发展注入新的活力。

第三节　教育资源的智能分类与精准检索

一、教育资源分类的传统方法与局限性

教育资源的分类是图书馆信息管理的重要环节，这一环节为高效的资源

检索和资源利用奠定了基础。传统的教育资源分类方法尽管具有一定的实用性和科学性，但在面对现代教育资源的多样化和复杂性时，其局限性逐渐显现。了解这些传统方法的特点及不足之处，对于推动分类技术的智能化转型具有重要意义。传统的教育资源分类方法主要依赖于人工分类和预设的分类体系。人工分类由专业人员根据资源的内容、主题和学科特点，将资源归入特定的分类类别。这种方法的优点在于分类标准相对统一，能够根据特定领域的特点细化分类规则。然而，人工分类依赖于分类员的经验和专业知识，工作量大且耗时较长。随着教育资源数量的快速增长，这种方法在处理大规模资源时显得力不从心。此外，人工分类在处理跨学科资源和动态更新的资源时缺乏灵活性，容易导致分类结果与实际需求脱节。以图书馆分类法、杜威十进分类法等经典体系为代表的预设分类方法，是传统教育资源分类的另一个重要形式。这些体系通常按照学科领域或主题设置主类、分类和细分类，将资源结构化地组织起来，为用户提供明确的检索路径。然而，这种基于学科逻辑的分类体系在实际应用时也存在一定的局限。例如，随着新兴学科的出现和交叉学科的发展，预设分类体系的固定结构难以完全覆盖所有学科领域的资源，导致资源的分类不够全面或准确。此外，预设分类体系的更新周期较长，无法快速反映知识领域的变化和用户需求的动态调整。

传统分类方法还面临信息维度单一的问题。人工分类和预设分类通常以主题和学科为主要维度，忽略了资源的其他重要属性，如时间、地域、用户需求和使用场景等。例如，同一主题的资源可能因地域背景的不同而呈现出显著差异，传统分类方法往往难以体现这些差异。此外，对于某些多模态资源，如包含文本、音频、视频的综合资源，传统分类方法难以同时兼顾这些不同形式的资源，导致分类结果无法满足用户多样化的需求。资源分类的更新与维护也是传统方法遇到的难点之一。由于人工分类和预设分类体系依赖固定的规则和人工操作，一旦资源数量或分类规则发生变化，更新和维护的工作量巨大。例如，在一个动态增长的数据库中，每当添加新资源或修改已有分类时，都需要对相关分类规则进行人工调整，这不仅耗费时间和人力，还可能引发分类体系的不稳定和一致性问题。特别是在面对大规模在线教育资源时，传统方法难以适应快速变化的用户需求和技术环境，其局限性更加明显。

基于关键词检索的传统分类方法很大程度上依赖于资源的分类标签和描述，这些标签通常由分类体系定义，无法覆盖用户的所有检索需求。例如，当用户输入一些模糊或跨领域的检索关键词时，系统可能无法返回准确的结果。这种局限性导致了用户的检索体验较差，在检索复杂的学术问题或进行交叉学科研究时，传统分类方法的劣势更加明显。此外，对于多语言资源，传统方法缺乏对语义和语言特性的深入支持，用户难以利用非母语的资源。传统分类方法的局限性也体现在与技术发展的融合不足上。传统分类方法主要依赖于人工操作和规则定义，这种方式与现代信息处理技术的融合度较低，导致分类效率和精确性难以提升。随着技术的发展，这种不足越来越明显。

传统的教育资源分类方法为资源管理和信息组织奠定了重要基础，但其局限性随着资源规模、复杂性的增长逐渐显现。在应对现代教育资源管理需求时，这些局限性不仅降低了资源的使用效率，也对用户的学习和研究造成一定程度的制约。通过反思传统分类方法的不足，可以为未来分类技术的智能化发展提供明确的方向，使其更加匹配动态、多样化和个性化的教育资源需求。

二、人工智能支持的智能分类与检索

人工智能支持的智能分类与检索技术正在重新定义图书馆教育资源的管理和使用方式。通过深度学习、自然语言处理、知识图谱和大数据分析等技术，智能分类和检索突破了传统方法的局限，实现了资源组织的动态化、精准化和个性化。人工智能技术不仅提升了分类和检索的效率，也为用户提供了更加丰富和多样化的使用体验。智能分类是人工智能技术在图书馆资源管理中的核心应用之一。与传统的基于人工和预设规则的分类方法不同，人工智能技术支持的智能分类能够通过对资源内容的语义理解和模式识别，实现自动化和动态化的分类过程。自然语言处理技术使得系统能够深入解析资源的文本内容，提取核心主题、关键词和语义关系。例如，在处理一篇关于人工智能的研究论文时，系统可以识别出文中涉及的关键技术、应用领域和研究方法，并将其归类到相关主题下。同时，深度学习模型经过大量资源数据的训练，可以发现分类规则中的潜在模式，从而为复杂或跨学科资源进行更加精确的分类。

智能分类的另一个重要特点是动态更新能力。人工智能技术能够实时分析新资源的内容和特性，并将其自动纳入现有的分类体系。例如，当一项新技术或一个新的学术领域出现时，系统可以通过学习相关资源的内容，自动生成新的分类节点并调整现有分类的结构。这种动态化的分类方法，确保了资源分类的时效性，帮助用户能够紧跟学术动态。

在检索方面，人工智能技术支持的精准检索为用户提供了更高效、更个性化的资源获取途径。传统检索通常以关键词匹配为主，难以处理模糊或复杂的搜索需求。通过引入语义分析和自然语言处理技术，系统能够理解用户输入的意图，并返回与搜索目标高度相关的结果。这种语义检索模式，有效提升了检索的准确性。此外，机器学习模型为检索结果的个性化优化提供了可能。通过分析用户的行为数据，系统可以动态调整检索结果的排序。例如，对于关注人工智能教育的用户，系统可以优先展示相关领域的最新研究成果和教育资源，并提供与用户兴趣相符的扩展阅读建议。这种基于用户画像的个性化检索模式，提高了资源的利用效率，也为用户创造了更具针对性的学习体验。

在语音和对话检索方面，人工智能支持的智能助手为用户提供了更加便捷的互动检索方式。通过为系统引入语音识别和自然语言处理技术，用户可以通过语音指令与系统进行实时交互，快速获取所需资源。这种交互式检索模式，简化了用户的操作过程，也为图书馆的服务创新提供了新的可能。

通过引入访问权限控制和数据加密技术，系统能够确保用户行为数据和资源内容的安全性。同时，智能分类与检索能够根据用户的隐私设置，过滤掉不必要的记录和关联，为用户提供更加安全的定制化服务。人工智能技术还在实现跨语言检索中展现了强大的潜力。通过多语言语义分析和机器翻译技术，系统能够打破语言障碍，实现资源的跨语言共享和检索。例如，用户用中文搜索某一主题，系统能够同时返回该主题下的英文、法文或其他语言的相关资源。这种跨语言的检索能力，为国际用户间的知识交流和资源共享提供了有力支持，也体现了人工智能技术在帮助普及教育资源方面的巨大潜力。

人工智能技术支持的智能分类与检索正在深刻改变图书馆资源管理和信息服务的传统模式。通过动态分类、语义检索、个性化推荐和多模态整合等功能，人工智能技术提高了资源的组织效率和检索精准度。在未来的发展中，随着人工智能技术的不断完善和应用场景的拓展，智能分类与检索将在图书馆信息素养教育资源的建设中发挥更为重要的作用。

三、教育资源精准检索的技术实践

教育资源精准检索的技术实践依托于人工智能、大数据等前沿技术，这一技术实践正在成为图书馆信息服务的重要组成部分。教育资源精准检索的核心目标是提高资源获取的效率和准确性，满足用户的多样化、个性化需求。教育资源的检索过程从传统的关键词匹配发展为基于语义理解、用户行为分析和多模态整合的智能化模式，为用户提供了更高质量的知识服务。精准检索的关键在于语义分析技术的应用。通过语义分析技术，系统能够深入解析用户的检索语句，提取核心概念和语义关联。例如，当用户搜索“机器学习在医疗中的应用”时，借助语义分析技术，系统可以识别出“机器学习”和“医疗”是主题核心，并通过关联分析提供与此主题相关的研究论文、案例分析和教学资源。通过这种语义驱动的检索模式，用户可以更快速地找到真正需要的资源。

在精准检索的技术实践中，系统通过对用户的搜索记录、点击行为和资源使用偏好的分析，能够动态生成用户画像，并根据用户画像优化检索结果的排序和推荐内容。例如，对于经常检索人工智能教育资源的用户，系统可以优先展示相关领域的最新研究成果和课程资源，并结合用户的学习路径推荐相关的扩展内容。这种基于用户行为数据的精准推荐，不仅提高了资源获取的效率，也增强了用户的学习体验。

大数据技术在精准检索中的作用体现在对海量资源的整合与分析上。教育资源往往分散于不同平台和数据库中，传统的检索方法在面对如此庞大的数据量时，难以进行高效整合和处理。通过大数据技术，系统能够将分散的资源统一整合，并基于多维度的数据分析建立全面的索引体系。例如，系统可以基于资源的主题、学科、使用频率等维度进行分类和标注，为精准检索提供支持。用户在搜索时，系统能够基于索引体系快速定位相关资源，并根据检索条件返回最符合需求的结果。

智能语音检索是精准检索的一大亮点。系统引入语音识别和自然语言处理技术后，用户可以通过语音输入进行检索，无须键入复杂的检索条件。语音检索的优势在于交互的便捷性和实时性，特别适合移动设备或特定场景的使用。

人工智能支持的精准检索还能够应对复杂搜索需求的动态调整。例如，当用户的检索目标不明确时，系统可以通过互动式的引导，帮助用户逐步明确需求。用户可以在搜索过程中添加、修改或细化搜索条件，系统能根据用户检索条件的调整实时更新检索结果。这种动态调整的检索模式，极大地提升了检索的灵活性。

精准检索的技术实践正在从根本上改变教育资源的获取方式。通过引用并结合语义分析、用户行为分析、大数据整合、多模态资源索引、智能语音检索和知识图谱等技术，系统不仅能够更高效地满足用户的即时需求，还能够为用户提供系统化、个性化和动态化的服务。在未来的发展中，精准检索实践将继续依托技术的创新，为教育资源的智能化管理和高效利用提供更广阔的可能性。

第六章　信息素养教育的智能化评估与效果监测

第一节　信息素养教育评估的理论基础与方法

一、信息素养教育评估的理论框架

信息素养教育评估的理论框架是指导评估实践的重要基础，它决定了评估活动的方向、方法和评价标准。通过构建科学合理的理论框架，可以有效衡量信息素养教育的实际效果，为教学改进和资源优化提供依据。随着信息社会的发展和教育需求的不断变化，信息素养教育评估的理论框架也在不断演进，从传统的知识测试扩展到技能、态度和综合能力的全面测量。信息素养教育评估的理论框架以系统性为核心，强调将信息素养看作一个多维度的能力体系。信息素养不仅包括信息检索和获取能力，还涵盖信息分析、评价、组织和应用的能力，这些能力共同构成了用户在信息社会中有效利用信息的综合素养。理论框架的构建基于这一多维度的认知，即通过多种评估指标全面反映学习者的信息能力现状。例如，可以通过评估学习者对检索工具的熟悉程度和检索效率来体现学习者的信息获取能力；可以通过测量学习者对信息来源的可信度判断和价值评估能力来反映学习者信息评价能力。多维度的理论框架能够避免单一维度评估带来的局限，为全面的信息素养教育效果监测奠定基础。

不同的教育场景和受众群体对信息素养的要求存在差异，这要求信息素养教育评估的理论框架具有一定的灵活性。例如，高校学生的信息素养教育侧重于学术研究和知识创新，评估框架需要突出信息获取的深度和信息利用的创造性；对公众图书馆用户的信息素养教育更多聚焦于日常生活中的实用性信息技能，评估框架则需要更注重信息的快速获取和实际应用能力。因此，理论框架的设计应结合教育目标和用户需求，确保其具有实际指导意义。评估的科学性和客观性是理论框架的重要组成部分。科学的评估框架应基于教育心理学、认知科学和信息科学的理论，确保评估内容的有效性和可靠性。例如，在评估学习者的信息组织能力时，可以借鉴认知科学中的信息加工模型，设计能够反映学习者信息分类、归纳和整合能力的测试任务。同时，为了增强评估结果的客观性，可以采用多元化的数据采集方法，如问卷调查、实地观察和在线数据分析。将这些方法相结合，可以从不同角度全面捕捉学习者的信息行为，为评估提供坚实的数据支持。

在现代信息环境中，信息素养教育评估理论框架的动态性和开放性尤为重要。随着信息技术的快速发展，信息素养的内涵和外延不断拓展，这要求评估框架能够适应变化并不断更新。例如，随着人工智能技术的普及，信息素养教育开始关注学习者对智能工具的使用能力以及对智能系统输出结果的批判性分析能力。信息素养教育评估的理论框架需要及时纳入对这些新兴能力的评估维度，确保评估内容与时俱进。此外，开放性的框架能够吸收不同教育体系和文化背景下的多样化实践经验，为全球范围内的信息素养教育提供通用的评估理论框架参考。信息素养教育评估理论框架的构建还需要注重与具体评估方法的结合。不同的评估方法对框架的实现有着直接影响。例如，定量评估方法适合测量学习者的信息操作能力，如学习者检索的速度和准确性；定性评估方法更适合分析学习者的信息处理过程和批判性思维能力；混合评估方法通过结合定量与定性方法，能够更全面地反映学习者的信息素养水平。理论框架需要为这些方法的选择和设计提供清晰的指导，使评估活动能够有的放矢地实现评估目标。

评估框架的应用离不开指标体系的支持。指标体系是理论框架的具体化，通过明确评估指标和权重，可以为评估实践提供操作性强的工具。例如，在信息获取能力的评估中，指标体系可以包括检索效率、结果相关性和工具使用熟练度等具体指标，而每个指标的权重则可以根据教育目标和学习者的特点进行调整。这种细化的指标体系不仅提升了评估的精准性，也为教学活动的改进提供了明确的方向。

构建信息素养教育评估的理论框架是一项复杂而动态的体系构建工作，需要结合教育目标、学习者的需求和技术发展趋势，设计出既科学严谨又具有实践指导意义的评估体系。一个具备系统性、多维度、动态性和开放性的信息素养教育评估理论框架，可以全面衡量信息素养教育的效果，为提升学习者的信息能力和信息素养教育的质量提供有力支持。在未来的发展中，随着信息素养教育评估理论与人工智能技术的进一步融合，信息素养教育评估的理论框架将不断完善。

二、人工智能技术在信息素养教育评估中的应用潜力

人工智能技术在数据处理、模式识别和动态反馈方面的优势，为信息素养教育的评估带来了全新的可能性。通过智能化的手段，信息素养教育的评估可以更加高效、精准，并能够适应多样化的教育需求，为教学改进和学习支持提供帮助。人工智能技术在信息素养教育评估中的核心优势体现在数据处理能力上。传统的信息素养评估往往依赖人工分析和单一的数据采集，效率较低且覆盖范围有限。通过引入人工智能技术和大数据技术，系统可以实

时采集、整合和分析不同来源的数据，实现全面化和动态化的评估。这种基于数据的评估方式，不仅提高了评估效率，还能够捕捉到传统方法难以发现的细节，为评估结果的科学性和全面性提供了技术保障。

自然语言处理技术在评估中的应用，为评估学习者的信息理解能力和表达能力提供了新手段。信息素养教育的重要目标之一是培养学习者对信息的批判性分析能力和表达能力。传统的信息素养评估方式对这些能力的测量往往较为模糊。通过自然语言处理技术，系统可以分析学习者的文本回答或语音表达，从中提取出关键词、语义逻辑和情感倾向，进而评估学习者对信息内容的理解深度和表达水平。这种基于语义分析的评估，能够提供更细致的评估结果。

人工智能技术在模式识别方面展现出的强大能力，为复杂能力的评估提供了新的途径。在信息素养教育中，许多核心能力并不能通过单一的测试来直接衡量，需要从多个维度综合分析。例如，信息检索能力不仅涉及对检索工具的使用能力，还包括关键词的选择、结果的筛选以及对检索效率的优化等多项能力。通过机器学习技术，系统可以基于多维数据建立评估模型，识别学习者在信息检索过程中的行为模式和关键节点。这种基于行为模式的评估方法，为评估复杂能力提供了高效而精准的解决方案。

传统的评估结果通常以分数或等级的形式呈现，缺乏针对性的反馈信息。而人工智能可以根据评估数据，生成个性化的学习反馈和建议。这种动态反馈的能力，使评估不再仅仅是一个测量过程，而成为促进学习的重要环节。此外，传统的评估通常是一次性的，难以及时反映学习者的进步和能力变化。系统通过引入人工智能技术，可实时采集和分析数据，对学习者的表现进行持续监测，并根据实时数据动态调整评估内容和标准。这种动态调整的能力，为长期跟踪和评估教育效果提供了技术支持。人工智能技术还能够提升评估的透明性和可信度。在传统评估中，评分过程通常难以完全避免人为因素的干扰，而人工智能通过算法实现了评估的标准化和透明化，学习者和教育者可以查看评分过程中的关键参数和权重，以此确保评估结果的可信度和可解释性。

人工智能技术在信息素养教育评估中的应用潜力体现在多个层面。这些技术不仅优化了评估的过程和结果，也为提升教育质量提供了全新的工具。在未来的发展中，随着人工智能技术的进一步成熟和应用范围的扩展，人工智能技术将推动信息素养评估方式的创新与教育效果的持续提升。

三、基于数据分析的评估方法案例

基于数据分析的评估方法在信息素养教育中的应用得到了广泛关注，其核心优势在于能够通过对大量行为数据的分析，为信息素养教育效果的评估提供更科学、更全面的依据。国内和国外均有相关的实践案例，通过分析这些具体应用，可以深入理解数据分析在信息素养教育评估中的实际价值和未来发展方向。

北京大学图书馆开展了一项基于数据分析的学生信息素养能力评估项目。该项目利用在线学习平台和数字资源管理系统，采集学生在信息检索、资源使用和学习互动中的行为数据，构建了多维度的评估模型。在这项实践中，学生的搜索记录、访问频率、检索关键词选择以及使用的检索工具类型等数据成为评估的重要基础。系统采用大数据分析技术，实时跟踪这些数据，并通过模式识别技术分析学生的学习行为。例如，当某些学生出现高频的无效搜索或重复搜索时，系统会判定其信息检索策略存在不足，可能缺乏关键词优化和工具选择的能力。针对这些问题，系统会生成个性化的反馈报告，为学生提供优化检索方法的具体建议，同时推荐相关的培训课程以帮助学生提升信息素养水平。这一项目的结果表明，数据分析不仅能够精准识别学生的信息行为模式，还可以揭示学生在信息素养教育中的薄弱环节。例如，通过对学生点击的资源类型和使用时长的分析，系统发现部分学生在面对多模态资源时，倾向于选择文本内容，对音视频资源的使用较少。这一现象提示教育者需要在课程设计中增加多模态资源的引导和使用培训。项目的另一亮点在于将实时评估与动态调整结合。系统通过对学生阶段性学习数据的分析，动态调整评估标准和反馈内容，确保评估结果始终与学生的能力水平和学习目标相匹配。这种灵活的评估方式，为其他高校的信息素养评估实践提供了参考。

哈佛大学图书馆开发的哈佛数据智能评估系统（Harvard Data Intelligence Evaluation System）项目是基于数据分析的评估方法的典范。该系统专注于培养研究生的学术信息素养。系统通过分析学生对与学术数据库相关的行为数据和研究成果的引用情况，评估其在学术研究中的信息利用能力。系统整合了多种数据，包括文献检索、期刊订阅、文献引用以及学术互动情况等行为数据，通过对这些数据进行深度挖掘，全面评估学生在学术信息获取、组织和应用中的表现。例如，当某些学生的检索记录显示其经常访问高质量的学术期刊资源，并且在短时间内完成了高效的搜索和筛选，系统会判定其具备较强的信息分析和筛选能力。这一系统的独特之处在于对研究成果进行关联分析。系统通过追踪学生所发表论文的引用次数、被引领域和学术影响力，可以评估学生对信息资源的深度利用水平。例如，如果某学生的研究成果在多个学术领域产生了重要影响，系统会标记其为信息利用能力的高分群体，并将其行为模式作为优秀案例推广。系统还通过引入人工智能技术，为学生提供个性化的学习路径建议。例如，当某些学生在检索特定领域的文献时遇到了困难，系统会自动推荐相关的高级检索技巧培训课程和专业数据库使用指南。这种针对性强的反馈与指导，有助于学生快速提升学术信息素养。深度分析显示，哈佛大学的这一系统不仅关注个人信息行为，还通过数据共享和协作，推动学术信息素养教育的整体提升。例如，系统将匿名化的用户数据分析结果共享给相关学术部门，为课程设计和资源配置提供科学依据。当某领域的研究生群体在检索效率或文献引用方面表现出共同的不足时，系统会建议部门调整课程内容或增加专项培训。由数据驱动决策，不仅提升了个体学习者的信息能力，也推动了学术资源管理和教育策略的优化。

通过这两个案例，可以看出基于数据分析的评估方法在信息素养教育中的巨大应用潜力。从北京大学的实践案例中可以了解到，数据分析技术如何通过实时跟踪和动态反馈，实现个性化的教育支持；哈佛大学的案例展示了数据分析在学术信息素养能力评估中的深度应用，通过整合多维数据，不仅能够精准评估个体表现，还能推动学术教育的整体优化。这些实践为全球范围内的信息素养教育评估提供了宝贵经验，同时也揭示了信息素养教育评估未来的发展方向。随着技术的不断进步，数据分析在信息素养教育评估中的作用将更加突出，为教育效果的提升和学习者的信息能力发展注入持续动力。

第二节　智能评估指标体系的设计与应用

一、智能评估指标体系的设计原则

智能评估指标体系的设计原则是构建科学、系统、有效的评估框架的核心基础，其目的是确保评估过程具备公平性、精准性和适用性，同时为信息素养教育的效果监测提供强有力的依据。智能评估指标体系在设计中需要充分结合技术手段与教育目标，注重多维度能力的测量和动态反馈的实现。

智能评估指标体系的设计需要以科学性为基本原则。科学性体现在评估指标的有效性、可靠性和可操作性上。指标的有效性是指指标能够准确反映评估对象的信息素养能力，确保测量结果具有代表性。例如，在信息获取能力的评估中，指标可以设定为检索工具的使用效率、关键词选择的精准度和搜索结果的相关性等具体维度。这些指标应能够真实反映学习者的实际能力。

指标的可靠性是指评估结果具有一致性，在不同时间或不同情境下，评估结果都能够保持相对稳定。为此，指标体系的设计需要通过实验验证和数据校准，确保评估工具的稳定性和可重复性。指标的可操作性则体现在评估方法的简便性和指标的清晰性上，确保教育者和学习者都能够轻松理解并应用这些指标。

系统性是智能评估指标体系设计中的另一关键原则。信息素养体系是一个多维度的综合能力体系，单一维度的评估难以全面反映学习者的实际水平。智能评估指标体系需要涵盖信息获取、分析、评价、组织、应用等多个维度，并在每个维度下细化具体的评估指标。例如，评估信息分析能力可以参考数据整合、模式识别、因果关系推导等指标，而评估信息应用能力涉及对资源整合、问题解决和知识创造等能力进行评估。通过构建多层次、多维度的指标体系，可以全面评估学习者的信息素养，为教育效果的监测和教学策略的调整提供更全面的数据支持。

动态性是智能评估指标体系区别于传统评估体系的重要特征。随着学习者信息能力的提升和学习目标的变化，评估指标需要具备动态调整的能力，以适应学习者不断发展的需求。智能评估指标体系通过引入人工智能技术，能够实时分析学习者的学习表现数据，动态调整评估指标的权重和内容，确保评估结果始终与学习者的能力水平和学习目标相匹配。

公平性是评估体系设计中的重要原则之一。在面对不同背景和能力水平的学习者时，智能评估指标体系需要确保评估结果的公平性和包容性。例如，对于语言能力较弱或技术设备不足的学习者，评估体系需要提供适当的辅助工具和技术支持，消除因外部条件导致的不公，为不同文化背景的学习者提供平等的参与机会，确保评估结果的公平性。

个性化是智能评估指标体系的另一重要原则。信息素养教育的目标因学习者的背景和需求不同而存在差异，评估指标需要体现这一多样性。例如，对于从事学术研究的学习者，评估体系更注重评估其高级检索技巧的掌握程度和学术资源管理能力；对于希望满足日常生活中的信息需求的学习者，评估体系可能更关注信息的快速获取能力。

技术支持是智能评估指标体系设计的基础，人工智能技术的应用能够显著提升评估的效率和精准性。例如，通过应用自然语言处理技术，系统可以分析学习者对文本信息的理解深度；通过应用机器学习技术，系统可以识别学习者的信息行为模式并预测其发展趋势；通过应用知识图谱技术，系统可以构建多维度的指标网络，为复杂能力的评估提供可视化支持。这些技术手段的应用，不仅提升了评估的科学性和效率，也为智能评估指标体系的持续优化提供了技术保障。

智能评估指标体系的设计原则体现了科学性、系统性、动态性、公平性、个性化和技术支持的有机结合。这些原则为构建高效、精准、全面的评估框架提供了理论依据和实践指导。在未来的发展中，随着技术的不断创新，智能评估指标体系将得到进一步优化，为信息素养教育效果监测的质量提升提供保障。

二、评估指标的动态优化与反馈机制

评估指标的动态优化与反馈机制是信息素养教育智能化评估的重要组成部分。通过动态调整指标权重、优化评估模型和及时提供反馈，能够有效提升评估的精准性和实用性。信息素养教育的复杂性和多样性要求评估体系具有适应性和灵活性，而动态优化和反馈机制正是实现这一目标的关键途径。动态优化的核心在于根据数据的实时变化对评估指标进行调整。传统的静态评估体系往往难以反映学习者在不同阶段的能力变化，而智能化的评估体系能够通过数据分析捕捉学习者的行为轨迹和能力提升过程。例如，在对信息检索能力的评估中，系统可以实时跟踪学习者的关键词使用频率、检索工具的选择以及搜索结果的点击率。当数据显示学习者在某一维度的表现已经达到较高水平，系统会降低该维度的权重，同时增加其他薄弱维度的评估权重，从而确保评估结果更加全面和均衡。

动态优化的实现依赖于多种技术手段。应用机器学习技术对大量历史数据进行训练，能够识别出影响评估结果的关键因素，并根据新数据动态调整评估模型。例如，在评估学习者的信息评价能力时，系统可以通过分析学习者对信息来源的筛选、内容的批判性分析以及引用的规范性等多个维度的数据，动态优化评分标准和评价算法。应用自然语言处理技术则可以利用语义分析和情感挖掘等功能，进一步细化指标的定义，为动态优化提供更深层次的支持。

反馈机制在智能评估体系中起到了连接数据分析与学习改进的桥梁作用。有效的反馈机制不仅能够帮助学习者理解评估结果，还能够为学习者提供个性化的学习建议和改进策略。反馈的及时性保证了反馈机制具备有效性。传统的评估通常需要较长的周期才能生成反馈报告，而智能化的评估体系通过实时数据分析和自动化的报告生成等功能，能够在短时间内为学习者提供反馈。例如，在一次在线测试结束后，系统可以立即生成评估结果，并通过可视化的形式展示学习者在各维度上的表现。这种即时反馈不仅能够提高学习者的参与度，还为教育者及时调整教学策略提供了依据。反馈的形式和内容需要根据学习者的特点和需求进行定制化设计。对于初学者，反馈内容会更侧重于基础能力，并以简明直观的方式呈现；对于高阶学习者，反馈会包含更多的细节和专业建议，更加注重对综合能力的反馈。

反馈机制还可以通过社群化和互动化的方式增强学习者的学习效果。例如，系统在反馈报告中加入了学习者与同伴的对比数据，帮助学习者了解自身在群体中的相对位置，并通过能力榜单和荣誉排名等功能激励学习者积极参与学习。此外，系统还引入互动功能，让学习者对评估结果提出疑问或建议，甚至可以与教育者进行实时讨论。这种双向互动的反馈方式，不仅增强了学习者的参与感，也为评估体系提供了宝贵的用户反馈。

在动态优化与反馈机制中，各种前沿技术不可或缺。数据可视化技术为反馈内容的呈现提供了多样化的形式，通过直观的图表或交互式界面，使学习者能够快速理解评估结果。区块链技术通过分布式存储和加密算法，确保了评估数据的安全性和透明性，为学习者和教育者之间信任的建立提供技术支持。通过应用人工智能技术进行数据分析和模式识别，为智能评估系统的动态优化和个性化反馈提供了坚实的基础，使评估过程更加智能化和高效化。

动态优化与反馈机制的设计需要兼顾灵活性和长期性。灵活性体现在系统能够根据不同教育场景和学习者需求快速调整评估指标和反馈内容；长期性体现在系统能够通过持续的数据积累和技术升级，不断提升评估的精准性和反馈服务的质量。例如，系统可以通过优化模型和算法，逐步提高对复杂能力的评估水平，并通过整合更多的学习资源和教育工具，扩展反馈的深度和广度。

评估指标的动态优化与反馈机制对应着更加先进的教育理念。通过智能化的动态调整和个性化的反馈，评估体系能够更好地适应信息素养教育的多样化需求，帮助学习者全面提升信息能力，同时为教育者提供教学支持。在未来的发展中，随着该体系应用的技术进一步成熟，将进一步推动评估方式的创新，提升信息素养教育的质量。

三、智能评估在教育实践中的应用案例

智能评估在教育实践中的应用为提升教育质量和学习效果提供了全新的思路。在众多成功的实践案例中，香港大学图书馆的智能评估系统建设项目是一个具有代表性的案例。该项目通过整合人工智能、大数据分析等技术，开发了一套完整的智能评估体系，用于信息素养教育的教学效果监测和学习者能力提升评估。

香港大学图书馆面临的主要挑战是如何在不断增长的信息资源和学习需

求之间找到平衡，同时保障信息素养教育的质量。为应对这一挑战，项目团队设计了一个基于人工智能技术的评估平台，涵盖了学习数据采集、实时分析、动态反馈和教学资源优化等多个模块。这一平台的核心在于其多维度、多层次的评估体系，这一体系不仅能够精准测量学习者的能力水平，还能够为教学设计和资源管理提供数据支持。平台通过整合学生的线上学习行为数据，如资源搜索、访问频率、检索路径和使用时长等行为数据，构建了一个全方位的评估模型。学生的每次操作都会被记录并实时上传到系统，系统利用人工智能技术对数据进行分析，从中提取出关键指标，如信息获取效率、资源选择多样性和检索工具使用熟练度等。这些指标被分配不同的权重，系统根据学生的个体表现动态生成综合评分，为学习者提供精准的能力评估结果。

平台的另一项创新在于应用了语义分析等技术。例如，应用自然语言处理技术后，系统能够深入解析学生提交的文本内容，如作业、测试答卷和在线讨论发言，通过解析这些文本内容，系统不仅能够识别学生是否准确理解了知识，还能够分析学生的逻辑推理能力和观点表达能力。每份作业的分析结果都会以图表的形式展示，标注出优点和不足之处，并附有详细的改进建议。这种深入的能力评估，不仅为学生提供了明确的学习方向，也为教育者调整教学策略提供了数据支持。

动态反馈是该评估平台的一大亮点。学生完成学习任务后，系统会立即生成个性化的反馈报告，其中包括能力分析、进步趋势和改进建议等信息。报告呈现的形式多样化，包括雷达图、柱状图和关键词云等，便于学生快速了解自身表现。系统还会根据学生的薄弱环节推荐相关学习资源，如视频教程、在线课程或学术论文，帮助其针对性地提升能力。这种动态反馈机制增强了学生的参与感和学习动力，同时也显著提高了信息素养教育的效率。

评估平台还充分考虑了学生的个性化需求。通过应用机器学习算法，系统能够分析学生的学习轨迹和兴趣偏好，动态调整评估内容和难度。这种个性化的评估模式确保了不同水平的学生都能够获得适合自己的学习支持，最大限度地发挥评估的教育功能。

香港大学图书馆的智能评估系统在教育管理中的应用也展现了其价值。通过汇总和分析全校学生的信息素养评估数据，系统能够生成宏观的教学效果分析报告。例如，系统可以识别出学生在某些学科的特定能力维度上的普遍不足，并向相关院系提供改进建议。这些建议可以帮助教育者调整课程设计和教学方法，从而优化整体教学质量。此外，系统还能够实时监测学习资源的使用情况，为图书馆的资源采购和管理决策提供数据支持，确保资源的利用效率和配置合理性。这一案例的成功还得益于评估平台与其他教学系统的深度整合。平台与学校的学习管理系统（LMS）进行连接，实现了评估数据的共享和应用。这进一步丰富了评估数据来源。这种整合使得评估结果更加全面。

这一案例充分展示了智能评估在信息素养教育实践中的潜力和优势。通过对人工智能等技术的深度应用，评估不仅是测量工具，也成为教学和学习的有机组成部分。香港大学图书馆的实践经验表明，智能评估可以在提升学生学习效果、优化教学资源配置和支持教育决策等方面发挥重要作用。这种基于数据的智能评估模式，代表了未来信息素养教育发展的重要方向，为其他教育机构的实践提供了有益的参考。

第三节　学习效果监测的智能化实践

一、学习效果监测的技术实现路径

学习效果监测的技术实现路径是智能化教育评估中至关重要的环节。通过应用现代信息技术，系统可以实现对学习者的行为、表现和能力的全面跟踪与分析，为教育质量的提升提供科学支持。学习效果的监测从传统的单一指标测量逐步发展为以多维数据为基础的智能化、动态化和个性化监测体系，这一过程的实现路径涵盖了数据采集、分析建模、反馈优化和系统整合等多个方面。要想实现学习效果监测的精准评估，数据采集是第一步。智能化技术为数据采集提供了全新的采集方式。通过学习管理系统、在线教育平台和教学辅助工具等多种渠道，系统可以全面记录学习者的行为数据和学习轨迹。这种全方位的数据采集方式，为后续的学习效果分析奠定了坚实的基础。

学习效果监测的关键在于数据分析建模。通过应用大数据技术和人工智能算法，系统可以从复杂的行为数据中提取出关键指标，构建学习效果的多维度评价模型。通过数据分析技术，系统能够识别学习者在特定学习环节的行为模式，为针对学习者的个性化学习反馈提供科学依据。建模过程中，机器学习算法的应用尤为重要。通过对历史数据的训练，系统能够预测学习者的未来表现，为动态调整教学策略提供支持。

学习效果监测的另一个重要环节是动态反馈与优化机制的构建。通过实时分析学习者的表现数据，系统能够生成个性化的反馈报告，帮助学习者了解自身的优势和不足。反馈的形式多样，包括图表、文本说明和交互式反馈等，多样的反馈形式可以确保学习者能够直观理解评估结果。动态反馈机制不仅提高了学习效果监测的实用性，也增强了学习者的参与感和学习动力。

进行系统的整合是学习效果监测智能化的重要路径之一。通过将学习管理系统、评估平台和教育资源库进行深度整合，可以实现数据的无缝对接和共享，从而提升监测的全面性和精准性。例如，学习者在不同平台上的学习数据可以自动同步，构建一个全面的学习档案，记录学习过程中的每一个关键节点。系统整合还能够支持多模态数据的处理与分析。例如，将文本分析、图像识别和语音处理技术相结合，为学习效果监测提供更多维度的支持。这种整合优化了系统的使用体验，为教育管理者提供了全面的决策依据。

实时监测和预警系统是学习效果监测智能化的重要技术手段。通过对学习者行为的实时跟踪和数据分析，系统可以在发现异常时及时发出预警。例如，当学习者的学习参与度显著下降或在评估环节中表现不佳时，系统可以通过通知功能提醒学习者或教育者，确保问题能够被及时解决。预警系统还可以与个性化数据分析功能相结合。例如，系统可以基于学习者的历史数据和行为模式，预测学习者在未来的学习中可能遇到的问题，并提前提供解决方案。这种前瞻性的监测能力，提升了学习效果，推动了教学改进。

学习效果监测的智能化还体现在对群体学习数据的宏观分析上。通过对全体学习者的数据汇总和挖掘，系统可以识别出教育中存在的共性问题和关键趋势。例如，在一个信息素养教育项目中，系统可以分析学习者在信息获取、分析和评价能力上的整体表现，发现多数学习者共有的薄弱环节，并为课程设计和教学方法的改进提供建议。宏观分析的结果还可以用于资源的优化配置。例如，系统可以根据宏观分析的结果调整教学资源的数量和类型，确保教育资源能够最大限度满足学习者的需求。

隐私保护与数据安全是学习效果智能化发展中不可忽视的一环。随着数据被广泛采集和使用，如何在保障评估效果的同时保护学习者的个人隐私成为一个重要挑战。通过采用区块链技术和分布式存储方案，系统可以确保学习数据的安全性和透明性，防止数据被篡改或滥用。此外，智能化的学习效果监测系统还需要设计严格的权限管理机制，确保只有授权人员能够访问敏感数据，同时通过匿名化处理技术降低数据泄露的风险。这种双重保护机制，不仅提高了系统的安全性，也增强了学习者和教育者对系统的信任。

学习效果监测的智能化实践充分体现了人工智能技术在教育领域的潜力和优势。从数据采集到分析建模，从动态反馈到系统整合，每一个环节都在不断推动教育质量的提升和学习体验的优化。通过人工智能技术与教育的深度融合，学习效果监测实现了从静态评估到动态支持的转变。未来，随着智能化技术的进一步发展，学习效果监测将在教育实践中发挥更加重要的作用，推动教育评估模式的持续创新。

二、监测工具的开发与应用实践

学习效果监测工具的开发与应用实践是推动信息素养教育智能化的重要手段。通过与人工智能技术的深度结合，学习效果监测工具可以实现对教育过程的精准记录和全面分析，为学习者和教育者提供更加科学的数据支持和优化建议。这些工具的开发过程涵盖了技术选型、功能设计、数据整合和用户体验优化等多个环节，其应用实践更是直接促进了教育目标的实现和评估效率的提升。开发学习效果监测工具的过程中，最核心的步骤是技术架构的选择与设计。现代信息素养教育呈现出复杂性和多样性的教育需求，这要求学习效果监测工具能够处理多种类型的数据，包括学习者的行为数据、测试结果和交互记录等。云计算技术的引入为学习效果监测工具提供了高效的数据存储和处理能力，通过分布式架构，学习效果监测工具能够在高负载的情况下保证稳定性和响应速度。大数据技术的应用使得工具可以在海量数据中提取有意义的模式和趋势，帮助教育者和学习者更加全面地理解学习过程和结果。人工智能技术赋予了工具智能化的分析能力。例如，通过机器学习算法，学习效果监测工具能够根据学习者的历史学习数据预测其未来表现，并根据学习者的需求动态调整评估标准。

开发学习效果监测工具时需要结合教育目标和学习者需求进行全面规划。这些工具通常包括行为跟踪、实时反馈、数据可视化和个性化支持等核心功能。行为跟踪模块通过记录学习者在学习过程中的每一个关键行为，如资源搜索、课程观看、问题回答等，构建完整的学习轨迹。实时反馈模块通过即时分析学习者的表现数据，生成详细的反馈报告，为学习者提供改进建议。数据可视化功能使得复杂的数据分析结果可以通过直观的形式展示，如通过趋势图、雷达图和饼图等形式展示，这有助于学习者快速理解自身的学习状况。个性化支持模块通过动态推荐功能，为学习者提供适合的学习资源和学习建议。

在开发学习效果监测工具时还需要注重数据整合的能力。在现代教育环境中，学习者的行为数据通常分散在多个平台和系统中，通过接口整合和数据标准化技术，学习效果监测工具能够从不同来源采集数据并进行统一处理，确保数据的全面性和一致性。这种数据整合能力不仅提高了学习效果监测的精准性，也为教育管理者提供了更全面的决策依据。

学习效果监测工具的应用实践展示了其对于教育质量提升的重要作用。在实际应用中，这些工具帮助教育者更加全面地了解学习者的能力水平和学习需求，为教学设计和资源配置提供了科学依据。例如，某高校引入了一套学习效果智能监测工具，用于评估学生的信息素养。工具通过实时采集学生在检索工具使用、资源选择和信息分析中的行为数据，生成了多维度的评估报告。这些报告不仅详细记录了学生的能力、表现，还揭示了共性问题，为教育者调整教学重点提供了参考。

在学习者层面，学习效果监测工具通过个性化支持功能显著提升了学习者的学习效果。例如，学习效果监测工具通过行为数据分析识别学习者的薄弱环节，并动态推荐相应的学习资源和训练任务。这种基于数据驱动的个性化支持模式，为学习者指明了进行能力提升的方向。

监测工具的应用实践还促进了教育管理的优化。通过对全体学习者数据的汇总和分析，教育管理者可以更加科学地分配资源和调整策略。例如，通过监测工具提供的宏观数据，某图书馆发现学习者使用学术期刊的频率远低于预期，对电子书和视频课程的需求却持续增加。基于这一发现，图书馆优化了资源采购计划，增加了电子书和视频课程的采购比例，以更好地满足学习者的需求。

学习效果监测工具的开发与应用实践充分展示了技术与教育的深度融合。通过技术驱动，这些工具推动了教育质量的持续提升和学习者能力的全面发展。

三、智能监测的案例分析与改进建议

在学习效果监测的智能化实践中，浙江大学图书馆实施的“智慧学习评估与监测系统”项目是一个具有代表性的案例。这一系统旨在为学生的信息素养教育提供全方位的学习监测和动态评估功能，同时通过人工智能技术实现教学反馈和教育资源优化。自投入使用以来，该系统在提升学习效率、优化教学资源以及促进教育评估的精准性方面取得了显著成效。“智慧学习评估与监测系统”依托浙江大学图书馆丰富的数字资源和高性能计算平台，设计了一套综合性学习监测框架。系统覆盖了学生在信息素养教育中的全流程行为，从资源搜索到信息分析再到任务完成，全面记录学习者的行为数据。这些数据包括关键词检索的次数、检索的资源类型、文献下载频率以及搜索路径。通过先进的机器学习算法，这些数据被整合到多维评估模型中，用以分析学生的信息获取效率、资源筛选精准性以及信息应用能力。在这一系统中，动态反馈功能表现尤为突出。每位学生完成在线课程或线下活动后，系统会自动生成一份个性化的学习评估报告。报告包括学习者在不同能力维度上的具体表现。在某些评估环节，系统会通过自然语言处理技术分析学生提交的文本内容，评估学生的信息评价能力和批判性思维水平。同时，系统还会为学生推荐相关学习资源。

动态资源推荐功能是该系统的另一大亮点。通过对学生行为数据的聚合分析，系统能够识别出不同学科学生对学习资源的具体需求。例如，工科学生对技术报告和标准文献的使用率较高，而社会科学学科的学生倾向于多媒体资源和案例研究文献。针对这些需求，浙江大学图书馆利用系统生成的分析报告优化了资源配置。这些措施提升了图书馆的资源利用率，帮助不同专业的学生更高效地完成学术任务。

项目实施过程中，浙江大学图书馆还将学习监测与教学改进相结合。例如，通过系统的宏观分析功能，教育管理者发现部分学生在高级检索技能的掌握上存在共性问题，尤其是在跨数据库检索时的效率较低。基于这一发现，图书馆组织了一系列面向学生的专题培训课程，重点介绍跨库检索技巧和文献管理工具的使用方法。这一举措直接促进了学生信息素养能力的提升。

浙江大学图书馆的“智慧学习评估与监测系统”通过深度应用智能化技术，为信息素养教育提供了全新的评估和监测模式。这一案例充分展示了如何利用技术手段实现对学习过程的动态跟踪、教育资源的精准匹配以及教学效果的科学评估。尽管该系统在实践中仍有优化空间，但其现有的成功经验为其他高校和教育机构开展智能学习监测提供了重要借鉴。

第七章　信息素养教育中的伦理与隐私保护

第一节　人工智能技术在教育中的伦理挑战

一、人工智能伦理的基本原则与争议

人工智能技术在教育领域的应用范围不断扩大，引发了诸多伦理挑战。围绕人工智能伦理的基本原则与争议展开的讨论，不仅涉及技术的开发和应用，更触及教育公平性、隐私保护和社会影响等深层次问题。这些原则与争议反映了技术与人类价值观之间的复杂关系，也为人工智能在教育中的应用设定了重要的伦理框架。

透明性原则要求对公众公开人工智能系统的运作方式，以便公众能够理解系统的决策逻辑。这一点在教育领域尤为关键，因为人工智能系统被用于评估学生能力、推荐学习资源或规划个性化学习路径时，系统的决策对学习者的成长具有直接影响。如果这些决策缺乏透明性，学生和教育者可能难以理解或质疑系统的输出结果，这不仅可能影响学习者对系统的信任，还可能使某些群体受到潜在的不公平对待。

公平性原则强调人工智能系统应避免偏见和歧视，确保其对所有用户平等对待。然而，偏见往往隐藏在系统的算法设计和数据训练过程中。例如，如果系统在设计阶段使用了偏向某些群体的数据集，就可能在实际应用中对其他群体产生不利影响。在教育领域，这种偏见可能导致不同背景的学生在获取资源和学习机会时遭遇不公。例如，一些人工智能学习平台可能会为擅长利用人工智能技术的学生提供更多的高质量学习资源，而忽视了处于边缘状态的学生。这种现象不仅违背了教育公平的原则，也可能加剧社会的不平等。

责任性原则要求人工智能的开发者和用户对技术的使用结果承担责任。在教育中，当人工智能系统的评估结果或推荐内容出现错误时，责任的界定往往成为争议焦点。例如，某些系统可能因数据处理错误导致学生被误判为能力不足，这对学生的学习信心和教育机会产生负面影响。在这种情况下，开发者是否需要对算法的失误负责？教育机构是否应承担监督和纠正的责任？这些问题的答案直接关系到人工智能技术在教育领域的应用前景。

围绕人工智能伦理的争议主要集中在价值观的多样性和利益的平衡上。一方面，不同文化和社会背景对伦理的理解存在差异，这可能引发关于人工智能伦理原则的优先次序和具体实现方式的争议。另一方面，利益的平衡问题在人工智能伦理争议中占据重要位置。在教育中，人工智能系统往往由企业开发，其运作和维护需要大量资金投入。这种商业背景可能导致企业在追求利润最大化时忽视伦理原则。例如，某些学习平台可能通过分析学生的学习行为数据为其推送针对性广告。这种行为在技术上是可行的，但伦理正当性备受质疑。这种利益驱动的行为可能对学生的学习环境和教育质量产生负面影响，引发社会批评。此外，人工智能技术的不可预测性也加剧了伦理争议。尽管开发者努力通过模型训练和测试减少错误，但人工智能系统仍可能在某些情况下做出让人意外的行为。在教育中，这种不可预测性可能导致系统输出不准确的评估结果或不适合的学习资源推荐。这可能对学习者的学习效果产生负面影响，还可能削弱教育者对技术的信心，从而阻碍人工智能技术的进一步推广。

人工智能伦理的基本原则与争议反映了技术应用与社会价值之间的复杂互动。在教育领域，如何在技术创新与伦理责任之间找到平衡点，如何在推动教育智能化的同时确保公平与隐私保护，如何在商业利益与社会效益之间实现协调，都是需要持续探索的重要问题。这些原则与争议不仅影响人工智能技术在教育中的应用效果，也深刻影响着技术本身的发展方向和社会接受度。

二、教育领域人工智能应用的伦理问题

教育公平问题是人工智能技术应用过程中面临的首要伦理问题。人工智能系统在教育资源分配、学生评估和学习路径设计中起到了重要作用，但技术的不均衡应用可能加剧教育不公平现象。例如，一些学校能够利用先进的人工智能系统提升教学效果，另一些学校由于技术限制无法获得同等支持，导致学生在学习机会上的差距扩大。此外，人工智能算法在推荐学习资源时可能隐含偏见。例如，系统根据学生过往表现推断其未来潜力，可能导致某些学生被剥夺了尝试高难度学习任务的机会，从而导致学生中出现阶层分化现象。人工智能系统在教育评估和资源分配中越来越多地扮演关键角色，但其决策过程通常依赖于复杂的算法模型，对使用者而言具有“黑箱”特性。例如，当人工智能系统在课程选择、成绩评估或学习路径推荐等环节做出决定时，学生和教育者往往无法了解这些决定的依据和过程。这种缺乏透明度的现象容易引发用户对人工智能系统的不信任，也可能导致学生对自身学习能力的错误认识。并且，算法的训练数据通常来自特定的群体，因此得出的结果往往会存在一些偏见。例如，一个学习推荐系统的训练数据主要来自某一群体，系统在推荐学习资源或设计学习路径时对其他群体可能会表现出无

意识的偏见。这种偏见可能直接影响使用者的学习体验。

人工智能技术在教育中的应用还引发了有关学生心理健康的伦理问题。某些人工智能评估系统可能对学生施加了过度的评估压力。例如，系统的实时监控和高频反馈，让学生感觉自己的一举一动都在被评估。这种高压环境可能导致学生产生学习焦虑，甚至对学生的心理健康产生长期影响。此外，当人工智能系统在评估中表现出不准确或不公平时，学生可能因此丧失对学习的兴趣和信心，这使得学生的整体发展受到负面影响。

教育工作者的角色变化也是人工智能引发的伦理问题之一。随着人工智能技术在教学和评估中的深入应用，教师的传统职能逐渐被重新定义。例如，某些教学辅助系统能够自动生成个性化学习路径和评估反馈，这导致教师在课堂中的作用被弱化。虽然人工智能技术为教师减少了重复性工作，但也降低了他们在教育过程中的重要性。这种技术与人文价值的权衡问题，需要在教育实践中不断调整和优化。

人工智能技术在教育领域的社会影响同样不容忽视。作为一种具有广泛应用潜力的技术，人工智能技术可能在不同层面上改变教育的组织方式和社会功能。例如，某些在线教育平台依赖人工智能技术实现了规模化教学，但也因此削弱了学生与教师之间的面对面互动。这种变化不仅改变了传统的教育模式，还可能影响学生的社会化过程和团队协作能力。此外，人工智能技术的广泛应用可能导致技术依赖加剧，使教育体系过度依赖特定的技术供应商，从而增加了教育系统的脆弱性。

伦理监督与技术治理的缺失是当前人工智能应用于教育领域后需要紧急解决的问题。在许多情况下，人工智能技术的开发和应用速度远远超过了伦理规范和政策的制定步伐。教育机构和技术开发者在技术实施前未进行充分的伦理评估，导致产生不良后果。例如，某些教育项目中引入人工智能技术后，学生数据的管理和保护标准未能及时跟进，结果导致了严重的数据泄露事件。此外，教育领域缺乏专门针对人工智能应用的伦理委员会或治理框架，使得相关问题在出现后难以得到有效的解决。在应对这些伦理问题时，多方协作至关重要。技术开发者需要在算法设计阶段充分考虑教育公平性，将伦理原则融入技术架构和功能设计中。教育机构则需要建立清晰的技术使用规范和隐私保护机制，加强对人工智能系统的评估和监督。同时，政策制定者应根据人工智能技术的发展动态，不断更新和完善相关法律法规，为教育领域的人工智能应用提供明确的伦理指导。

人工智能在教育中的应用是一项复杂的社会实践，其带来的伦理问题不仅与人工智能技术本身相关，也与教育目标和社会价值观紧密相连。在推进人工智能技术创新的过程中，只有不断审视和解决随之而来的伦理挑战，才能确保人工智能技术真正服务于教育公平、学生福祉和社会进步。

三、信息素养教育中的伦理风险与解决方案

人工智能技术在信息素养教育中的应用为教育方式带来了新的可能性，同时也引发了一系列伦理风险。如果未能有效应对这些风险，不仅会削弱信息素养教育的效果，还可能损害学习者的权益和社会对教育机构的信任。因此，深入探讨这些伦理风险，并提出切实可行的解决方案，是推动信息素养教育可持续发展的关键。

人工智能技术的训练过程依赖于大量的数据，如果这些数据隐含偏见，算法的输出也会不可避免地反映出这些偏见。为了应对这一问题，开发者需要在算法设计过程中引入多样化的数据集，确保不同语言、文化和社会背景的学习者都能从系统中受益。同时，开发者还需建立严格的算法测试和评估机制，定期审查偏见问题并及时调整。

信息素养教育中的人工智能系统通常依赖复杂的算法模型，这些模型的工作方式对普通用户而言往往是不可见的。缺乏透明度的系统可能导致学习者和教育者无法理解算法决策的依据，从而影响他们对系统的信任。例如，

学习者可能会质疑为什么某些资源被推荐而另一些没有，教育者也可能难以解释系统评估的合理性。为了提升透明度，开发者需要在设计阶段加入解释功能，使用户能够轻松理解系统的逻辑和决策过程。这有助于提升用户对系统的信任度。

虽然人工智能技术能够极大地提升信息素养教育的效率和资源利用率，但如果完全依赖于技术，可能忽视学习者的人文需求。例如，过于依赖自动化评估系统可能削弱教育者对学习者个性化支持的关注，导致学习者在教育过程中缺少必要的情感关怀。要解决这一问题，需要在技术应用过程中保持平衡，确保人工智能技术是教育者的辅助工具而非替代品。在实际操作中，可以将技术支持与教育者的主导作用相结合，如让系统提供数据分析支持，由教育者对学习者进行更有针对性的指导。

当人工智能系统在信息素养教育实践中出现错误或偏差时，责任的归属往往不明确。例如，如果系统因算法出现错误导致对学习者的评估结果不准确，是开发者、教育机构还是教育者承担主要责任？为了解决这一问题，需要在技术开发阶段和使用阶段明确责任边界，并制定相应的问责机制。教育机构可以与开发者签订协议，确保系统在设计阶段符合教育目标和相关伦理要求，同时教育者在使用系统时也需对其进行适当监督和校正。教育机构应积极承担伦理管理的主体责任，建立专门的伦理委员会对人工智能系统的设计和应用进行审查，并定期评估其在实际操作中的伦理表现。技术开发者需要将伦理原则融入算法设计和产品开发中，确保技术在实现教育目标的同时不会对学习者的权益造成侵害。政策制定者则需要从宏观层面制定指导性法规，为人工智能技术的教育应用提供明确的法律框架。在信息素养教育实践中，可以通过专题课程或工作坊的形式，提高学习者对隐私保护、算法偏见和技术滥用等问题的认识。这不仅有助于学习者更好地保护自身权益，也能够提升他们对人工智能系统的理性认知。此外，教育者也需要接受相关培训，了解人工智能技术的局限性和潜在风险，以便在教学中更好地发挥技术的优势，同时规避伦理风险。

信息素养教育中的伦理风险反映了人工智能技术与教育目标之间的复杂关系。这些风险不仅是人工智能技术发展过程中产生的挑战，也是推动教育变革的重要动力。解决人工智能技术带来的伦理问题，需要教育机构、技术开发者、政策制定者和学习者共同努力。

第二节　隐私保护技术在信息素养教育中的应用

一、信息素养教育中的数据隐私问题

信息素养教育中的数据隐私问题是人工智能技术在教育领域广泛应用后产生的一个重要问题。随着人工智能技术的深度融入，教育机构在教学和评估中需要采集、存储和分析大量的学习者数据，包括个人信息、行为记录和学习成果等数据。这些数据对于优化教育资源配置、提升个性化教学效果具有重要意义，但对这些数据的不当使用或保护不力会引发隐私泄露、数据滥用等问题，给学习者和教育机构带来风险。

人工智能系统在设计和应用过程中，为了实现更高的智能化水平，往往需要采集全面的学习者数据。教育机构在使用这些数据时，可能由于缺乏明确的边界设定，导致数据采集范围超出必要需求。例如，在某些在线学习平台中，为了提供更精准的学习资源推荐，平台可能会分析学习者的社交媒体活动或购买记录，这些数据超出了传统教育数据的采集范畴，使学习者的隐私安全受到威胁。

数据存储的安全性不足是另一个关键问题。在信息素养教育中，数据存储通常依赖于云计算平台或本地服务器。然而，这些存储方式都面临潜在的

安全威胁，如网络攻击、恶意软件入侵和数据泄露等威胁。一些教育机构可能由于技术实力不足或预算有限，未能采用先进的加密技术或多层次的安全防护措施，导致数据易被攻击者获取。数据泄露事件不仅可能导致学习者的隐私信息被曝光，还可能引发用户的身份被盗用、财产受到损失等一系列后果。

数据共享过程中的隐私风险也不可忽视。在信息素养教育中，不同平台之间的数据共享被视为优化教学效果的重要手段。例如，学习管理系统、图书馆资源管理平台和在线学习平台之间的数据互通，可以构建更加全面的学习者画像。然而，在数据共享过程中，如果没有明确的数据保护协议或技术措施，可能导致学习者数据被过度使用或滥用。例如，一些平台可能将数据转交给第三方机构用于商业分析或广告推送，这种未经学习者同意的行为不仅违背了隐私保护的基本原则，还会损害教育机构的声誉。

数据分析过程中的隐私侵害是另一个值得关注的方面。系统通过数据挖掘和深度学习等人工智能技术对学习者数据进行分析，可以生成个性化学习方案或评估结果。然而，这一过程可能引发隐私问题。例如，某些深度学习模型可能会从大量数据中挖掘出学习者的心理状态、情绪变化或行为偏好，这些隐私数据如果被不当存储或传播，将对学习者的权益构成威胁。更为严重的是，一些机构通过分析学习者数据，预测其未来的学习表现或职业潜力，从而对其进行分类或限制，这种行为可能加剧教育中的不平等。

数据隐私管理的不规范是信息素养教育中隐私问题的另一个表现。一些教育机构在采集和处理数据时，未能明确数据使用的目的和范围，甚至缺乏相关的隐私保护政策。这种管理上的漏洞可能导致学习者对数据处理的不信任，从而对信息素养教育的推进产生负面影响。例如，某些教育项目未能告知学习者其数据将被如何使用，导致部分学习者拒绝参与相关课程或项目，这不仅削弱了教学效果，也阻碍了人工智能技术的推广。

在技术层面，加密技术是保护数据隐私的基础措施。例如，采用端到端加密，可以确保学习者的数据在传输和存储过程中不会被未授权的第三方访问。此外，应用分布式存储和区块链技术，也可以提升数据的安全性和透明性。在管理层面，教育机构需要制定清晰的隐私保护政策，并在数据采集和处理的每个环节中严格执行隐私保护政策。例如，在数据采集阶段，教育机构应明确告知学习者数据的使用目的，并确保数据采集范围仅用于教育需求。在数据共享阶段，教育机构必须与合作机构签署明确的数据保护协议，并采用匿名化处理技术，防止数据被用于非教育用途。教育机构还应加强对学习者隐私保护意识的培养，帮助学习者了解数据权利。例如，通过举办隐私保护专题讲座或在线课程，向学习者传授数据安全知识和隐私保护技巧，让他们能够主动管理自己的数据。学习者可以在参与信息素养教育课程时，选择是否分享特定数据，或要求机构删除不必要的数据。政策和法律的完善对于解决数据隐私问题至关重要，一些国家和地区已经出台了数据保护的相关法规，这类法规为教育领域的数据隐私保护提供了重要的法律保障，也为教育机构和技术开发者设定了明确的行为准则。然而，由于教育环境和技术发展的多样性，如何在全球范围内协调不同法律框架之间的数据隐私保护，并确保其在快速变化的技术环境中保持数据隐私保护的有效性，仍然是一个巨大挑战。

信息素养教育中的数据隐私问题反映了技术与伦理之间的复杂关系。在人工智能技术不断推动信息素养教育发展的同时，教育机构和技术开发者必须考虑数据隐私保护这个议题。

二、隐私保护技术在信息素养教育中的实践

在信息素养教育中应用隐私保护技术是解决数据隐私问题的关键。通过创新与整合隐私保护技术，可以有效减少数据泄露和数据滥用、误用的风险，为学习者提供更安全的信息素养教育环境。当前的隐私保护技术在信息素养

教育中的实践主要集中在数据加密、匿名化处理、访问控制和区块链等技术领域，这些技术在实践中展现了巨大的潜力和实际成效。

数据加密技术是隐私保护技术中应用最为广泛的一种方法。在信息素养教育中，学习者的数据在采集、传输和存储过程中始终面临被截取或篡改的风险。通过采用对称加密和非对称加密技术，可以确保数据在传输过程中无法被未授权方解读。例如，某些教育平台通过端到端加密技术实现了数据的高安全性，所有信息仅在发送方和接收方解密，即使数据在传输途中被拦截，攻击者也无法破译内容。

匿名化处理技术是另一个重要的隐私保护工具。在数据分析和共享的过程中，完整的个人身份信息通常不是必需的。通过匿名化处理，可以有效移除或掩盖数据中的身份信息，同时保留分析所需的关键数据。例如，某些信息素养教育系统在生成学习者评估报告时，会对报告中的个人信息进行加密处理或使用化名。这种技术在确保了教育数据的分析价值和共享可行性的同时，保护了学习者的隐私。

访问控制技术在信息素养教育中的应用也日益普及。通过设置用户权限，教育机构可以严格控制数据的访问范围和使用权限。例如，学习者可以通过身份验证访问与其学习相关的数据，教育管理者则可以根据不同的职能分配不同的权限，确保数据仅在必要范围内被使用。某些教育平台还引入了多因素身份验证技术，例如结合密码、短信验证码和生物识别等手段，进一步提高数据访问的安全性。

区块链技术的引入为信息素养教育中的隐私保护提供了全新的方案。区块链的去中心化特性可以使系统实现数据的分布式存储，每个数据块都具有不可篡改和可追溯的特点。这种技术的应用对教育数据共享和认证等场景的隐私保护起到了重要作用。例如，在学习者完成在线课程后，平台可以通过区块链技术记录其学习成果，无须保存详细的个人数据。通过这种方式，学习者的隐私得到保护，同时学习成果的真实性和可验证性也得以保障。

差分隐私技术是一种新兴的隐私保护方法，近年来在信息素养教育领域得到了初步应用。差分隐私技术是指通过在数据集中添加噪声，确保单个数据点对整体分析结果的影响极小，从而保护个体隐私。在信息素养教育中，这种技术可以被用于在不暴露任何单个学习者的具体数据的前提下，生成整体学习趋势报告。

隐私保护技术在信息素养教育中的成功实践离不开学习者和教育者的配合。学习者需要了解这些技术的基本原理和操作方式，以增强自身在数据保护方面的参与意识。例如，学习者可以通过隐私保护教育课程学习如何设置强密码、识别潜在的网络威胁以及有效管理个人数据。教育者则需要在教学过程中合理应用隐私保护技术，在提升教学效果的同时减少隐私泄露风险。例如，在使用在线教育平台时，教育者可以选择使用匿名化工具处理学生提交的作业和反馈，降低隐私泄露的可能性。隐私保护技术的应用也要求政策制定者明确数据采集、存储和使用的法律框架，为隐私保护技术的实践提供规范指导。

隐私保护技术在信息素养教育中的实践表明，技术创新是解决数据隐私问题的有效途径。然而，技术本身并不是万能的，其是否有效与教育机构的管理能力、学习者的隐私意识以及政策法规的支持度相关。在未来，随着隐私保护技术的不断发展和教育场景的不断拓展，教育机构需要在技术与管理之间找到平衡点，确保隐私保护的全面性和持续性。通过多方协作，隐私保护技术将成为推动信息素养教育可持续发展的重要力量。

三、数据隐私保护的未来发展趋势

随着人工智能、大数据和物联网技术的快速发展，数据的采集、分析等技术在现代教育中的应用已十分普遍。数据隐私问题的复杂性和重要性也随着技术的进步而日益凸显。未来的数据隐私保护需要在技术创新、法律框架和社会意识等多个方面实现全面突破，以应对不断变化的挑战。

在技术层面，数据隐私保护将更多依赖于更高级别的加密技术和分布式数据管理模式。全同态加密技术的进一步发展将为教育领域提供新的解决方案。这种技术允许在数据加密状态下直接进行计算，从而在不暴露原始数据的情况下完成数据分析和处理。在信息素养教育中，这意味着教育机构可以在保护学习者隐私的同时，依然能够基于数据优化教学内容和资源配置。分布式存储技术的应用也将进一步增强数据的安全性和隐私保护能力。通过将学习者数据存储在区块链网络中，可以有效防止单点故障和数据篡改，同时确保数据访问的透明性和可追溯性。

引入隐私计算技术将成为数据隐私保护未来发展的重要方向之一。这种技术通过多方安全计算、可信执行环境和联邦学习等方式，实现了数据的安全共享和联合分析。在信息素养教育领域，应用隐私计算技术可以帮助不同机构之间实现数据协作，并且无须将数据本身暴露或转移。这种技术的应用将在保护数据隐私的前提下，推动信息素养教育在更广范围内实现资源整合和公平化发展。

差分隐私技术的普及将为数据隐私保护带来新的契机。这种技术通过在数据中加入随机噪声，使个体数据在整体统计分析中不可辨识。这既能保护个人隐私，又能提供有价值的统计结果。在信息素养教育中，差分隐私技术可以被用于生成匿名化的学习报告或教学评估，在不暴露个人数据的前提下，为教学改进提供参考。这种技术的进一步成熟和应用将有效缓解数据隐私保护与数据分析需求之间的矛盾。

数据主权理念的兴起将对未来的数据隐私保护产生深远影响。数据主权强调数据的所有权和控制权应归属于数据主体。在信息素养教育中，这意味着学习者有权决定与自身相关的数据的采集、存储和使用方式。为了实现这一目标，未来的教育平台需要开发更加友好的数据管理功能，使学习者能够轻松查看和管理自身的数据。这种基于数据主权理念的隐私保护模式不仅可以增强学习者对教育机构的信任，还可以推动教育数据生态系统的健康发展。

对数据伦理的强化是未来数据隐私保护发展的另一个重要趋势。在技术和法律的支持下，数据隐私保护在未来的发展过程中将更注重数据伦理问题，包括数据的公平使用、信息的透明度以及技术对社会的长期影响等问题。在信息素养教育中，对数据伦理问题的关注意识可以通过课程的形式传递给学习者和教育者。例如，通过案例分析和模拟情境，让学习者了解数据隐私的重要性和保护数据隐私的方法，同时培养学习者对于他人数据隐私的保护意识。重视数据伦理问题不仅有助于提高学习者的隐私保护能力，也可以为社会培养更多具有道德责任感的技术和教育从业者。

隐私保护技术在未来还需要在提升用户体验和提高操作便捷性等方面做出突破。目前，一些隐私保护技术的使用过程较为复杂，这可能阻碍其在信息素养教育领域大规模应用。未来，隐私保护技术需要与教育平台的功能设计深度融合，通过更加直观和便捷的操作界面，使教育者和学习者能够直接使用。

推动数据隐私保护的发展还需要让更多的公众参与进来，提升公众的数据隐私保护意识。未来的信息素养教育不仅需要帮助学习者掌握技术技能，还需要培养他们对数据隐私保护的敏感性和行动能力。例如，通过在信息素养教育课程中引入数据隐私保护课程，可帮助学习者更好地理解数据隐私保护技术的实际应用，指导学习者在日常学习和生活中主动采取措施保护个人数据隐私。

数据隐私保护的未来发展趋势显示了技术与社会需求的深度结合。这不仅是一场技术创新的竞赛，更是一项复杂的社会工程，需要技术开发者、教育机构、政策制定者和学习者的共同努力去完成。通过技术的不断进步、法规的逐步完善以及公众意识的提升，数据隐私保护将为信息素养教育的可持续发展提供更加坚实的基础。

第三节 构建负责任的人工智能教育体系

一、构建负责任的人工智能教育的必要性分析

人工智能技术在教育中的应用深刻改变了传统教学模式，为学习者提供了更加个性化和高效的教育体验。然而，应用这些技术使得教育效果提升的同时也引发了诸多问题。例如，算法偏见可能导致不同背景的学生在学习资源分配、评估和推荐等环节中遭到差别对待，这不仅可能使某些学生获得的教育机会减少，还可能加剧教育中的不公平现象。此外，人工智能系统的“黑箱”特性导致许多教育者和学习者无法理解其决策逻辑，这使得系统在实践中的透明性和可解释性不足，影响了用户对技术的信任。这就需要构建一个负责任的人工智能教育体系来解决这些问题。通过制定伦理框架和技术规范来构建的负责任的人工智能教育体系能够确保技术的开发和应用始终以人为中心，服务于教育的核心目标。

负责任的人工智能教育体系的建立对于维护学习者的权益尤为重要。在构建负责任的人工智能教育体系时，可以通过引入隐私保护技术、明确数据使用边界以及加强数据安全管理，确保学习者数据的合法使用和安全存储，从而维护学习者在技术应用过程中的基本权益。

构建负责任的人工智能教育体系还能够提升教育质量和效率。人工智能技术在教育中的一个主要作用是支持个性化学习，通过对学习者的行为和需求的分析，为学习者提供定制化的学习路径和资源。然而，技术的滥用可能导致“过度个性化”现象，即系统根据学习者的历史行为限制其学习机会，忽略潜在的学习可能性。在负责任的人工智能教育体系中，通过透明的算法

设计和公平的资源分配原则，可以有效避免这些问题，确保人工智能技术在满足学习者个性化需求的同时，不束缚其成长空间。此外，这种体系还能够帮助教育者更好地理解和使用人工智能技术，使教育者在教学实践中发挥更大的作用。

负责任的人工智能教育体系的建立对于履行社会责任也具有重要意义。教育肩负着培养公民责任感和社会价值观的使命。人工智能技术作为教育的重要工具，不仅需要服务于个人学习目标，还需要在社会层面上起到促进公平发展的作用。例如，通过人工智能技术对教育资源进行优化配置，负责任的人工智能教育体系可以为教育资源匮乏的地区提供更多的学习资源，缩小地域间的教育差距。

负责任的人工智能教育体系的建立还能够为人工智能技术在教育领域的应用提供制度保障和执行依据。许多国家和地区已经开始制定与人工智能技术相关的法律法规，这为人工智能技术在教育中的应用设定了基本规则。例如，一些法规明确要求人工智能技术的使用需符合伦理标准，需要对数据的采集、存储和分析过程进行严格监管。在此基础上，负责任的人工智能教育体系可以作为法规实施的具体操作框架，为教育机构和技术开发者提供清晰的指导。例如，体系中可以规定数据采集的范围和方式，明确不同角色的责任边界，并建立透明的监督机制，以确保法规要求得到落实。

建立负责任的人工智能教育体系对于未来教育的创新和可持续发展具有深远影响。在技术快速发展的背景下，教育领域的需求和挑战也在不断变化。通过构建负责任的人工智能教育体系，可以为教育创新提供稳定的伦理和技术支持。例如，这种体系可以推动技术与教育目标的深度结合，支持智能化教学工具的开发和普及，也可以促进教育数据的跨平台共享，为个性化学习和资源优化提供数据基础。同时，这种体系还能够通过持续的反馈和改进机制，不断优化人工智能技术的使用效果，使其在应对未来挑战时更加高效和可靠。

构建负责任的人工智能教育体系的必要性不仅体现在这一体系能够解决当前存在的诸多难题上，也体现在这一体系对未来教育生态系统的塑造能力上。这种体系能够帮助人们在技术创新与社会价值之间找到平衡点，使人工智能技术不仅成为教育的有力支持工具，也成为培养学习者责任意识和社会价值观的重要途径。构建负责任的人工智能教育体系会为构建更加公平、高效和可持续的教育模式提供强有力的支持。

二、人工智能教育体系的道德规范设计

人工智能教育体系的道德规范设计是构建负责任的人工智能教育体系的重要基础。这一设计需要将技术、伦理与教育目标紧密结合，通过明确的原则和规范，确保人工智能技术在教育领域的应用符合社会价值观和学习者的权益，能够促进教育公平和教育质量的提升。人工智能教育体系道德规范设计的核心在于为技术创新与社会责任之间寻找平衡点，为教育机构、技术开发者和学习者提供清晰的行为指引。

教育的本质在于为所有学习者提供平等的学习机会，而人工智能技术的引入可能会产生因算法偏见或数据不足导致的教育不公平现象。这种情况会加剧教育中的不平等。为了解决这一问题，道德规范设计需要强调算法的公平性，要求开发者在设计和测试阶段充分考虑数据的多样性和包容性。同时，教育机构需要定期审查人工智能系统的表现，确保其输出结果符合公平原则。

在智能化的教育中，人工智能系统的决策直接影响学习者的学习路径、评估结果和资源分配。如果系统的工作方式缺乏透明性，学习者和教育者可能因为无法理解系统决策逻辑而不信任系统。为此，道德规范需要明确要求人工智能系统提供解释性功能，使用户能够轻松了解系统的运作原理。

人工智能技术在教育领域应用时，需要采集和处理大量学习者数据，这些数据的使用方式对学习者的权益具有深远影响。道德规范需要规定数据采

集的范围和目的，确保数据的使用仅限于教育需求。同时，道德规范还应要求教育机构和技术开发者采取先进的技术手段，如加密和匿名化处理，确保数据的安全性和隐私性。责任性是人工智能教育体系道德规范设计中不可忽视的一个特性。

人工智能系统的开发和应用过程中可能因技术失误或技术使用不当产生负面影响，这时需要明确责任的归属和处理机制。道德规范需要为此提供清晰的处理框架，规定不同角色的责任范围和处理程序，以确保问题能够得到及时有效的解决。这不仅是对学习者权益的保护，也有助于提升人工智能技术在教育领域的应用效果和社会认可度。

可持续性是道德规范设计需要考虑的另一个重要方面。人工智能技术的快速发展需要道德规范具备适应性，以应对技术创新带来的新问题。为此，道德规范需要保持动态更新，能够根据技术和教育需求的变化及时调整。同时，还需要通过教育培训和宣传活动，提高教育者和学习者对人工智能技术的理解和道德规范的认识，使其在使用技术时能够主动遵守相关规范。

技术开发者在道德规范设计中的角色至关重要。开发者不仅是技术的创造者，也是规范执行的第一环节。道德规范需要在开发阶段引导技术团队将伦理原则融入技术设计。例如，通过多学科团队合作，在算法设计阶段引入社会学家、教育学家和伦理学家的观点，从源头上降低技术应用带来的伦理风险。同时，开发者还需要在系统的测试和优化过程中，依据道德规范不断完善技术功能，确保其符合教育目标和社会价值。教育机构是道德规范设计和实施的主要承担者。在道德规范的指导下，教育机构需要制定内部政策，规范人工智能技术在教学、评估和管理中的使用。此外，教育机构还需要建立反馈机制，定期收集学习者和教育者对人工智能系统的意见，并根据反馈调整系统功能和使用策略。这种闭环管理模式不仅有助于道德规范的落实，也能够提升技术的使用效果和用户体验。

人工智能教育体系的道德规范设计是一个多层次、多主体参与的复杂过程。它需要结合技术、教育和社会的多重需求，为人工智能技术的开发和应用设定清晰的行为准则。在道德规范设计中融入对公平性、透明性、隐私保护、责任性和可持续性的综合考量，可以确保人工智能技术在教育领域的应用既能促进学习者的发展，又能维护社会价值观和伦理原则。

三、全球经验与负责任的人工智能教育体系的实现路径

在不同国家和地区，人工智能教育的发展既受技术进步的驱动，也受到文化背景、政策环境和教育目标的深刻影响。通过分析全球范围内负责任的人工智能教育体系的成功实践，可以为构建该体系提供明确的方向和切实可行的路径。

欧洲在人工智能教育领域的规范化发展具有代表性。欧盟通过《通用数据保护条例》（GDPR）等法律法规，为人工智能技术在教育中的应用设立了严格的伦理标准。这些法规不仅强调在技术开发过程中要兼顾透明性和公平性，还要求教育机构在采集和使用用户数据时明确告知用户，并为用户提供数据管理功能和选择权。例如，在某些欧盟成员国，教育平台需要在应用人工智能技术获取数据前向用户详细说明数据的用途，并为用户提供数据管理功能。这些规范为构建负责任的人工智能教育体系提供了清晰的框架。

美国在人工智能教育实践中注重技术创新与社会责任的平衡。美国有许多教育技术公司与研究机构合作，将人工智能技术广泛应用于教学、教育评估和教育资源管理。例如，一些教育机构引入了智能学习平台，通过数据分析和个性化推荐等功能帮助学生制订学习计划。在这些实践中，技术开发者与教育者紧密合作，共同制定技术应用的伦理准则，确保应用的人工智能技术既能提升教学效果，又不会对学生权益造成负面影响。同时，美国的教育机构还注重通过社区参与和公共讨论，引导社会对人工智能教育的理解和认同，为技术应用创造良好的舆论环境。

亚洲的一些国家在推动负责任的人工智能教育体系的构建中展现出多样化的创新模式。例如，日本在教育技术应用中强调文化适应性，将人工智能技术与当地教育目标、社会价值观融合，使人工智能技术更好地服务于学生的全面发展。

国际组织在推动构建负责任的人工智能教育体系的过程中也扮演了重要角色。联合国教科文组织（UNESCO）发布的《人工智能伦理建议》，明确了人工智能技术在教育领域应用的基本原则。这些原则涉及公平性、透明性、隐私保护和多样性，旨在确保人工智能技术在教育领域的应用不会加剧社会不平等或侵害学生权益。教科文组织与多个国家合作，开展了人工智能与教育伦理的专题研究，并通过国际会议和研讨会推动全球对人工智能教育问题的共同探讨。这种多边合作的形式为各国提供了重要的政策参考。

构建负责任的人工智能教育体系的关键在于建立全面的政策和技术体系。这一体系需要综合考虑技术开发、教育实践和社会价值三者的平衡。一方面，技术开发者需要在算法设计中充分考虑公平性和透明性，通过多样化的数据集和审查机制，避免开发过程中引起算法偏见造成的不公平现象。另一方面，教育机构需要建立清晰的操作规程，对人工智能技术的使用范围、数据处理方式和用户权利保护政策进行明确规定。

国际合作在实现负责任的教育体系的构建中具有不可替代的作用。通过建立区域性和全球性的数据共享和技术合作平台，可以更高效地整合资源，为人工智能技术在教育领域的创新和推广提供支持。这种合作还可以通过经验分享，帮助各个国家提升技术水平和教育质量，推动全球的教育公平发展。

这些实践经验表明，负责任的人工智能教育体系的构建不仅是技术发展的必然选择，也是教育公平和社会责任的体现。通过技术创新、政策支持和社会参与，可以在不同国家和地区实现人工智能技术与教育目标的深度融合。未来，随着技术的进一步发展和国际合作的增多，负责任的人工智能教育体系将为教育质量的提升和教育公平的发展注入新的活力。

第八章　国内外人工智能赋能信息素养教育的实践与启示

第一节　国际信息素养教育的实践案例

一、北美地区人工智能信息素养教育实践

北美地区在人工智能赋能信息素养教育实践中取得了显著进展，其经验体现了技术驱动与教育创新的紧密结合，为全球信息素养教育的推进提供了重要参考。在这一地区，人工智能技术被广泛应用于优化教学资源、设计个性化学习路径和促进教育公平的实现中。

美国的某些高校在信息素养教育中率先引入了基于人工智能技术的虚拟学习助手系统。系统引入自然语言处理技术和机器学习技术后，学生能够与系统进行互动，获取个性化的学习建议、资源推荐和实时问题解答。例如，亚利桑那州立大学开发了一款智能助手系统，专注于帮助学生提升学术研究的信息素养能力。该系统能够根据学生的研究主题推荐相关的数据库、学术文章和多媒体资源，并为学生提供具体的检索技巧和策略。这种基于人工智

能技术的动态推荐功能显著提升了学生在信息检索和资源管理时的效率。

在加拿大，人工智能技术被广泛应用于中小学的信息素养教育项目中。例如，安大略省的一项教育计划开发了一套基于人工智能技术的学习平台，用于培养中小学生的信息检索、评估和应用能力。这一平台结合了交互式游戏、虚拟现实和实时反馈功能，用生动有趣的方式教授学生信息技术技能。平台中的虚拟教练能够监控学生的学习进程，识别其知识薄弱点，自动调整教学内容和难度。应用这一学习平台，不仅能够增强学生的学习兴趣，还能帮助教育者更准确地了解学生的学习状况，为因材施教提供了科学依据。

纽约公共图书馆通过引入智能问答系统和虚拟学习社区功能，拓展了信息素养教育的覆盖范围。例如，其推出的人工智能学习助手可以为不同年龄段的读者提供针对性的学习计划，无论学习者是想要学习基本的信息检索技巧还是想要习得高阶的数据分析能力，系统都能提供相应的学习支持。同时，虚拟学习社区应用了人工智能推荐算法，能够为读者创建个性化的学习路径，并通过社交功能促进读者之间的知识共享。这一创新模式提升了公共教育资源的利用率。

在企业与教育机构的合作中，人工智能技术也展现了强大的赋能能力。例如，美国的 Google 公司与加利福尼亚大学伯克利分校合作，开发了一套专注于信息素养教育的人工智能平台。这一平台整合了 Google 的搜索引擎技术和大学的教学资源，通过模拟真实的研究情境，帮助学生掌握复杂的信息处理技能。平台中还嵌入了智能评估模块，能够实时分析学生的学习表现并生成反馈报告，为教育者提供量化数据以优化教学设计。这种企业与高校联合开发信息素养教育人工智能平台的模式，不仅推动了技术的应用创新，也为人工智能赋能教育建立了良好的合作范例。

墨西哥的一些教育项目通过引入人工智能技术，为偏远地区的学校提供优质教育资源。通过应用大型在线学习平台，这些项目将优质课程和资源向各个学校传递，并利用人工智能算法对学生的学习数据进行分析，生成个性化的学习建议。这一实践不仅缩小了地域间的教育资源差距，还提升了整体教育质量。

这些信息素养教育实践展现了人工智能技术在多场景中的灵活应用，这些案例都体现了人工智能技术对教育创新的推动作用。这些实践为想要开设信息素养教育的地区提供了丰富的经验，也为信息素养教育的未来发展指明了方向。这些成果表明，人工智能技术不仅是解决教育问题的有效工具，也是促进教育公平和推动教育质量提升的重要力量。

二、欧洲人工智能信息素养教育的特色与经验

欧洲在人工智能赋能信息素养教育方面的实践重点在于将技术创新与教育目标相结合，这些实践注重保证多元文化背景下的信息素养教育具备公平性和可持续性，为想要进行信息素养教育实践的地区提供了宝贵的参考。

芬兰以其在信息素养教育中的广泛实践而闻名。为了提高公众对人工智能的认知以及信息处理能力，芬兰推出了一项名为“Elements of AI”的在线课程。这一课程由赫尔辛基大学与技术公司 Reaktor 联合开发，旨在向普通公众普及人工智能技术的基础知识。课程内容覆盖人工智能的基本概念及其在社会各领域的应用。芬兰将这一课程纳入了大学和社区的学习项目，并且提供该课程的多种语言版本，以便更多的人能够参与学习。这种全社会范围的信息素养教育推广模式为其他想要进行信息素养教育全民普及的国家提供了参考。

在法国，人工智能技术被广泛应用于中小学信息素养教育的课程设计和教学实施中。法国教育部推出了一项名为“Numérique et Société”的教育计划，根据这项计划，人工智能技术将被应用于中小学的信息素养课程中。将人工智能技术应用于信息素养课程后，学生能够以互动的形式学习信息检索、评估和应用的基本技能，并了解人工智能在社会中的角色和影响。法国的中

小学信息素养教育注重在多元文化环境中培养学生的批判性思维和信息伦理意识，为学生在未来社会中有效使用信息技术奠定基础。

德国的信息素养教育以严谨性和实践导向著称。德国的高校和职业培训机构在信息素养教育中表现出较强的创新能力。例如，慕尼黑工业大学开发了一款人工智能教育工具，用于帮助学生和职场人士提高信息管理能力。该工具结合了语义分析技术和数据可视化技术，帮助用户从海量信息中提取关键信息，并根据不同需求生成个性化的报告。通过这一工具，学习者能够快速掌握复杂的信息处理技能，同时了解如何将信息用于决策支持。德国的信息素养教育注重将技术学习与实际工作需求相结合，为学习者提供了更具应用价值的教育内容。

在英国，人工智能技术与图书馆服务的结合成为英国信息素养教育的亮点之一。英国国家图书馆通过与多家技术公司合作，引入了智能搜索引擎和个性化学习推荐系统，为用户提供高效的信息检索和资源管理服务。例如，通过人工智能算法，图书馆系统能够根据用户的搜索历史和偏好自动推荐相关的学术资源，同时提供多语言支持功能，以满足国际学生的多元化需求。英国的信息素养教育特别强调人工智能技术的应用伦理，图书馆在服务过程中对人工智能算法的使用进行严格监控。

意大利的信息素养教育实践在文化传承和技术创新的融合上独树一帜。意大利的一些教育机构应用人工智能技术来推动数字化文化遗产的开发和利用，为学生提供独特的学习资源。例如，佛罗伦萨大学开发了一套基于人工智能的文化教育平台，通过应用虚拟现实技术和自然语言处理技术，让学生能够在线探索意大利的历史建筑和艺术作品。这一平台能够帮助学生更好地理解复杂的文化知识。意大利的信息素养教育模式将文化与技术结合，提升了课程的吸引力和多样性。

欧洲的信息素养教育在注重技术创新的同时，特别强调伦理和隐私保护。欧洲各国普遍依据《通用数据保护条例》（GDPR）建立了完善的隐私保护机制，确保用户在使用人工智能教育工具时，个人数据能够得到保护。例如，瑞典的一些学校在使用人工智能评估工具时，采取了数据匿名化和加密技术，同时设立了数据透明性审核机制，确保学生和家长能够清楚了解数据的采集和使用情况。这种高水平的隐私保护措施提升了学习者对人工智能技术的信任度，为人工智能赋能的信息素养教育的可持续发展提供了保障。

欧洲人工智能赋能信息素养教育的特色在于以人为本的教育理念和系统化的实施路径。无论是在学校、社区还是文化机构，这些实践都充分体现了技术服务于教育目标的初心。欧洲在这一领域的实践为其他想要应用人工智能技术赋能信息素养教育地区提供了可借鉴的模式。

三、其他地区人工智能信息素养教育的典型案例

在澳大利亚，人工智能技术被广泛应用于信息素养教育的课程设计与实施中。澳大利亚的高校和职业教育机构注重将人工智能技术与学生的研究技能培养相结合。例如，悉尼大学开发了一款基于人工智能技术的学习管理平台，专注于提升学生的信息检索能力和批判性思维能力。该平台利用语义分析技术帮助学生快速定位高质量的学术资源，并通过应用互动式模块指导学生评估信息的可信度和相关性。为了增强学生的实践能力，该平台还引入了模拟研究场景功能，使学生能够在虚拟环境中体验从信息收集到报告撰写的完整过程。

在新加坡，人工智能技术被广泛应用于基础教育阶段的信息素养课程中。作为一个高度数字化的国家，新加坡在教育中注重利用人工智能技术改善学生的学习体验。例如，新加坡教育部与当地科技公司合作开发了一套智能学习工具，用于培养小学生的信息检索和数据分析能力。这一工具能够根据学生的学习进度和兴趣偏好自动调整教学内容，并通过实时反馈帮助学生改进学习策略。新加坡的信息素养教育注重将技术与文化传承结合，通过数字化

资源的共享，培养学生对多元文化的适应能力。

在非洲，信息素养教育实践主要以弥合数字鸿沟和推动教育公平为目标。例如，由肯尼亚教育部主导的“iHub Learning”项目利用人工智能平台将城市地区的优质教育资源传递到乡村学校，同时利用数据分析技术监测学生的学习进度和效果。这一项目特别设计了适应低带宽网络的技术解决方案，使资源能够在基础设施较差的地区得到有效利用。此外，该项目为乡村教师提供了信息素养培训，帮助他们更好地使用人工智能工具支持学生学习。这一实践为其他地区探索技术赋能教育公平提供了重要参考。

在南美洲，人工智能技术在信息素养教育中的应用注重提升社会包容性和资源共享效率。例如，巴西的一些教育项目应用人工智能技术将传统知识与现代教育相结合，为社区提供信息素养培训课程。圣保罗大学的一项研究项目开发了一款基于人工智能技术的教育应用，专注于教授经济不发达地区和边缘化社区的学生信息检索和数据分析技能。该应用通过语音识别技术和自然语言处理技术，为识字较少的用户提供学习支持，并利用互动式学习模块增强他们对信息技术的理解。这种实践模式改善了教育资源分配不平等的境况，还帮助社会边缘人群提升了信息素养水平。

这些地区的实践显示，人工智能技术的引入为信息素养教育注入了新的活力。这些地区在探索人工智能技术与教育结合的过程中，注重根据本地实际情况设计多样化的解决方案，以满足本土的教育需求。这些实践为全球信息素养教育的发展和创新提供了有力支持，也为其他地区提供了值得借鉴的经验。

第二节　国内人工智能赋能信息素养教育的现状与问题

一、国内人工智能赋能信息素养教育的政策与技术支持

国内人工智能赋能信息素养教育的现状与问题可以从政策和技术支持的角度深入分析。近年来，我国在政策层面和技术开发方面积极推动信息素养教育的普及与升级，逐步建立起覆盖全社会的信息素养教育体系，为推动人工智能技术与信息素养教育的深度融合提供了有力保障。在政策支持方面，国家高度重视信息素养教育的建设，并将其纳入教育现代化的重要组成部分。《中国教育现代化 2035》《新一代人工智能发展规划》等政策文件为信息素养教育提供了顶层设计，从战略层面指明了信息素养教育的发展方向。

地方政府也积极响应国家政策，在信息素养教育领域展开了多层次、多维度的探索。例如，北京市在“智慧教育示范区”建设过程中，将人工智能技术作为提升教育水平的重要抓手。通过推动人工智能课程进入中小学课堂，北京市建立了多维度的信息素养教育体系，为学生的全面发展提供了支持。广东省则通过“互联网+教育”项目，加速推进智慧校园的建设。该项目以人工智能为核心技术，为学校提供智能化教学工具和平台，帮助学生在实际应用中掌握信息素养技能。这些实践有效推动了人工智能赋能的信息素养教育在全国范围内的普及与深化。

技术支持为国内信息素养教育的推广和实施奠定了基础。在人工智能技术的快速发展下，国内教育技术企业和科研机构积极参与教育工具的研发与应用。一些在线教育平台推出了基于人工智能技术的个性化推荐系统，帮助学生精准获取学习资源。这些技术打破了传统教学模式的局限，为学生的个

性化发展提供了广阔空间。此外，一些高校通过与企业合作，共同为信息素养教育研发教学工具。例如，清华大学与腾讯联合开发了一个智能教育平台，利用自然语言处理技术和语义分析技术为学生提供精准的学习支持和实时反馈。这些技术支持展示了人工智能技术在提升信息素养教育质量方面的强大潜力。

人工智能驱动的信息素养教育技术还体现在教学资源的数字化整合上。许多学校利用人工智能技术建立了智能图书馆系统，通过知识图谱技术将零散的教育资源整合为系统化的学习网络。这些系统能够根据学生的学习需求动态调整资源推荐方案，为学生提供个性化的学习路径。

政策与技术支持的协同作用是国内信息素养教育发展的重要驱动力。通过政策的引导和技术的创新，信息素养教育在全国范围内取得了一定的进展。为了继续提升信息素养教育的质量，还需要在实践中不断总结经验，优化实施路径。未来，通过进一步加大政策落实力度、提升技术支持水平，国内信息素养教育将迎来更加广阔的发展前景。

二、人工智能技术在国内信息素养教育中的应用现状

人工智能技术在国内信息素养教育中的应用展现出快速发展的趋势。在全国范围内，许多学校、教育机构和技术企业都在积极推动人工智能技术与信息素养教育的深度融合。在基础教育阶段，人工智能技术的应用为信息素养教育注入了新的活力。一些学校开始在课堂教学中使用人工智能工具，用这些工具帮助学生更好地掌握信息的检索、分析等技能。例如，某些地区的中小学开发了基于人工智能技术的学习平台，学生通过这些平台能够获取最适合的学习资源。

在高等教育领域，人工智能技术的应用更加深入和多样化。许多高校通过智能化教育工具帮助学生提高学术研究中的信息素养能力。例如，一些高

校引入了基于人工智能技术的学术资源管理平台，这些平台能够整合校内外的数字资源库，为学生提供精准的文献推荐和检索服务。此外，人工智能技术还被用于提升学生的写作能力和学术规范意识。例如，某些高校开发了智能论文辅导系统，该系统可以实时检测学生论文中的语法错误、逻辑问题和引用不规范之处，并提供详细的修改建议。

职业教育和继续教育领域也在人工智能赋能下焕发出新的生机。一些职业院校通过与技术企业合作，开发了针对技能培训的信息素养课程。这些课程以人工智能技术为核心，结合行业需求设计教学内容。例如，面向制造业技术工人的培训课程中，智能教学助手能够模拟复杂的工业操作环境，为学习者提供实时的技术指导和错误分析。这种基于人工智能技术的实践模式不仅能够提升学员的职业技能，还能帮助他们在实际工作中更高效地应用信息技术。在继续教育领域，许多在线学习平台应用人工智能推荐系统为学习者提供了个性化的学习路径。学习者可以根据自己的兴趣和职业需求选择学习内容，系统会根据学习者的学习进度和学习效果动态调整推荐内容，从而确保学习资源得到高效利用。

人工智能在国内信息素养教育中的应用现状表明，人工智能技术与教育的结合正在为教育的创新和变革提供重要动力。人工智能技术有望在未来的信息素养教育中发挥更大的作用，为提升教育质量和促进教育公平贡献力量。

三、国内信息素养教育的主要问题与对策

国内信息素养教育在人工智能技术赋能下取得了显著发展，但在实践过程中仍然存在一些亟待解决的问题。这些问题主要集中在教育资源分配不均、技术与教学目标脱节、教师专业能力不足以及学生信息伦理意识薄弱等方面。针对这些问题，制定相应的对策有助于提升信息素养教育的整体水平。

尽管许多学校已经配备了先进的人工智能教育设备和平台，但部分学校

在设备和教育资源方面仍然相对匮乏。可以通过加强政策支持和资金投入，推动优质教育资源的共享与下沉来解决这一问题。例如，构建基于人工智能技术的远程教学网络，将优质课程内容进行共享。此外，政府和社会机构可以通过公益项目，为缺少设备和专业支持的学校提供帮助，确保更多学生能够获得信息素养教育。

许多学校对人工智能技术的引入更侧重于设备的更新和功能的展示，缺乏对教学目标和学生需求的深入分析。这种表面化的技术应用可能导致信息素养教育的实际效果不佳，甚至使学生对技术的理解停留在表层。要解决这一问题，需要在技术开发和教学实践之间建立更加紧密的联系。教育机构应与技术企业和研究机构合作，共同设计符合教学目标的人工智能教育工具。这些工具应注重教学内容的实用性和学生需求的多样化，为学生提供切实可行的学习支持。同时，教学设计中需要融入人工智能技术，使人工智能技术真正成为提升信息素养教育质量的手段。

教师专业能力不足是限制信息素养教育进一步发展的关键原因之一。作为信息素养教育的实施者，教师不仅需要具备专业的教学能力，还需要掌握人工智能技术的基本操作和应用方法。然而，许多教师在使用人工智能工具时感到不适应。这种现象在一定程度上影响了信息素养教育的推广效果。为解决这一问题，需要加强教师信息素养培训体系的建设，通过线上和线下相结合的方式，为教师提供系统化的技术培训课程。这些课程应涵盖人工智能技术的基础知识、人工智能教学工具的操作方法以及信息素养教育的教学设计等内容。

随着人工智能技术的普及，学生在使用人工智能技术的工具时，越来越多地遇到信息伦理问题。然而，目前的信息素养教育更注重教授技术操作技能，与信息伦理相关的教育内容相对较少。这种教育上的忽视可能导致学生在未来面对复杂的信息环境时缺乏必要的伦理判断能力。要加强信息伦理教育，需要在信息素养课程中增加相关教育内容，帮助学生理解使用人工智能技术的伦理原则和社会责任。例如，通过案例分析和模拟场景，让学生意识到算法偏见、信息操纵和隐私泄露的风险，教授学生如何在信息时代中维护个人和社会的利益。同时，学校可以开展主题讲座和实践活动，引导学生在实践中增强信息伦理意识。

政策支持对于解决人工智能赋能信息素养教育中的问题有着至关重要的作用。政府应制定更加细化的政策措施，明确人工智能赋能信息素养教育的发展目标和实施路径。例如，相关部门可以设立专项资金支持学校信息素养教育的设备升级和教师培训。此外，社会力量的广泛参与也是推动人工智能赋能教育改革的重要动力。技术企业、非政府组织和社区机构可以通过提供技术支持、资源共享和举办公益活动，为信息素养教育的发展贡献力量。例如，一些技术企业可以与学校合作，提供基于人工智能技术的教育解决方案，社区机构可以举办信息素养教育的公益课程，扩大信息素养教育的覆盖面和影响力。

目前，许多学校缺乏科学、系统的信息素养教育效果评估工具，难以准确了解学生的学习成果和学习需求。这种评价体系的不完善直接影响了教育的持续改进和教育资源的合理配置。为解决这一问题，可以引入基于人工智能技术的智能评估工具，通过数据分析和动态反馈等功能，对学生的信息素养能力进行多维度评估。这些评估结果可以帮助教师优化教学策略，还能够为教育政策的制定提供科学依据。同时，建立评价机制还应注重长期跟踪和动态调整，通过持续的监测和反馈，不断提升信息素养教育的效果。

国内信息素养教育的主要问题反映了技术应用与教育实践之间的矛盾，同时也揭示了当前信息素养教育体系中的一些深层次问题。通过制定针对性强的对策，这些问题可以在未来得到有效解决。技术的快速发展和政策的逐步完善为信息素养教育的全面发展提供了助力。

第三节 对我国信息素养教育的策略分析与优化建议

一、信息素养教育策略分析

制定适合我国的人工智能赋能信息素养教育策略，需要充分考虑我国的教育发展现状、技术发展水平、区域差异以及文化背景等因素。通过有针对性地制定策略，可以更好地推动信息素养教育的普及与深化，为提升全民信息素养提供有力支持。我国东部地区的一些学校信息化基础设施完善，在教育中广泛应用人工智能技术；中西部地区的一些学校由于技术基础相对薄弱，对信息素养教育的推广存在明显不足。针对这一问题，需要结合我国的区域发展策略，制定分层次的信息素养教育策略。例如，可以通过建设基于人工智能技术的远程教育平台，将优质教育资源输送到中西部地区的学校。同时，设立专项基金，用于支持中西部地区部分学校的信息化设施建设和针对教师的信息素养教育培训，确保这些地区的学生能够获得更多的信息素养教育机会。

我国有许多教师在使用人工智能技术时出现了知识和技能不足的问题，这一问题在中小学尤为明显。可以通过建立系统化的教师培训机制，帮助教师掌握人工智能技术的基本原理和教学应用方法来解决这一问题。培训内容应包括人工智能技术的操作实践、信息素养教育的教学设计、个性化教学工具的使用等。此外，教育部门还可以设立激励机制，鼓励教师积极参与信息素养教育的创新实践。

我国在开发基于人工智能技术的教学工具时，应注重将技术研发与教学实践相结合，确保教学工具能够满足实际教学需求。可以通过加强高校、科研机构与技术企业的合作，建立产学研一体化的开发平台。例如，在开发信息素养教育工具时，充分考虑不同学段学生的学习特点和知识需求，为不同学段学生设计针对性强的教学工具。在设计教学工具时注重人性化设计和文化适应性功能，使其能够在多元文化的教学背景中得到有效应用。

在推进人工智能赋能信息素养教育的过程中，应注重培养学生的批判性思维和信息伦理意识。当前，随着网络信息的迅速增长和社交媒体的普及，学生在获取信息时面临信息真实性和可靠性判断的难题。因此，在信息素养教育中加入伦理教育模块，帮助学生理解信息技术的社会影响和责任，培养其在信息环境中的道德判断力尤为重要。这一模块可以通过案例分析、情景模拟等方式，引导学生深入思考技术使用的伦理问题，并学习应对虚假信息和隐私泄露风险的有效方法。

结合我国的教育发展现状和社会发展特点制定信息素养教育发展策略，可以有效提升信息素养教育的水平。未来，随着人工智能技术的不断发展和相关政策的进一步完善，我国的信息素养教育将能够更好地适应技术变革带来的挑战，为提升国民的信息素养、推动社会的可持续发展和技术创新提供助力。

二、给我国信息素养教育的优化建议

我国信息素养教育在人工智能技术的推动下取得了显著进展，但仍面临多种挑战。为了进一步提升信息素养教育的质量，有必要从教育政策、技术创新、教学实践、师资培训和社会参与等多个层面提出优化建议，以推动我国信息素养教育迈向更高水平。

在政策层面，应加强顶层设计，为信息素养教育的实施提供明确的战略指导和法律保障。例如，设立全国统一的信息素养教育标准，确保各地区在教育目标和教学内容上一致；建立信息素养教育的长效机制，明确各级政府、教育机构和社会组织的职责分工，将信息素养教育纳入国家教育发展规划中，并进行定期评估和动态调整，以确保政策的持续性和适应性。

在教学实践中，注重人工智能技术与教学目标的深度结合，确保人工智能教学工具在信息素养教育中的实际效果。教育机构应通过科学的教学设计，将信息检索、数据分析、信息评估和信息伦理等内容融入课堂教学中。此外，还应通过实践活动和项目式学习，引导学生在真实情境中应用信息技术解决问题。学校还可以结合区域特色和学生需求，开发本地化的信息素养课程，增强课程的吸引力。

社会参与对于推动信息素养教育发展起着重要作用。可以通过整合政府、企业、非政府组织和社区的力量，为信息素养教育提供更多的资源和支持。例如，技术企业可以向学校捐赠教育设备或提供免费技术服务，社区可以举办信息素养主题的公益课程和讲座，提高公众对信息素养教育的接受度。同时，应加强家校合作，通过家长教育项目帮助家庭了解信息素养的重要性，引导家长参与到对学生的信息素养教育中。

在评价机制方面，应建立科学、系统的评估体系，对信息素养教育的效果进行动态监测和反馈。这一评估体系可以应用人工智能技术，通过对学生学习数据的分析，全面评估学生的信息获取、分析、应用能力。评估内容还应包括教师的教学能力、教育工具的使用效果。通过评估体系给出的反馈，教育机构可以及时调整教学策略，优化教育资源的配置。

强化信息伦理教育是优化信息素养教育的过程中不可忽视的一环。在人工智能技术的应用越来越普及的背景下，信息伦理问题日益凸显，应通过课程和实践活动帮助学生理解人工智能技术应用的社会影响和伦理责任。学校可以通过案例教学、情景模拟等方式，引导学生了解虚假信息、隐私风险和算法偏见等问题，培养学生的责任意识和信息伦理道德判断力。在课程中融入信息伦理教育，可以帮助学生形成对人工智能技术的正确认知。

优化信息素养教育需要从政策、技术、教学实践、师资培训和社会参与等多个层面入手，通过科学规划和持续改进推动信息素养教育质量的全面提升。

第九章　人工智能赋能图书馆信息素养教育的未来发展方向

第一节　智能教育技术的未来发展趋势

一、智能教育技术的创新热点与挑战

未来，智能教育技术将继续以技术创新为核心驱动力，逐步建立更高效、更个性化的教育模式。在此过程中，技术热点和潜在挑战的并存构成了教育发展的关键议题，这为智能教育技术的创新和实践提供了广阔的空间。

未来智能教育技术的创新热点主要集中在几个方向。首先是对人工智能技术与教育深度融合的技术探索。例如，情感计算技术的进一步发展将赋予智能教育系统更强的交互能力，使其能够基于学生的表情、语音和行为变化识别学生的情感状态，并据此动态调整教学策略。

虚拟现实和增强现实技术在未来的教育场景中也将扮演重要角色。这些技术可以帮助学生在沉浸式环境中理解复杂概念，探索多维度的知识。这些技术在科学实验、工程训练和语言学习等领域的应用前景尤为广阔。

优化智能推荐系统也是未来智能教育技术发展的核心方向之一。通过更先进的语义分析技术和知识图谱构建技术，教育系统将能够更精准地识别学生的学习需求和兴趣点，从而实现学习资源的精细化推荐。这不仅能够提升学生的学习效率，还可以帮助学生发掘潜在的学习兴趣，促进学生跨学科学习能力的发展。

随着智能教育技术的发展，未来，智能教育工具将从辅助教学工具向全方位学习支持系统演进。这些教学工具可以提供即时的学术辅导、作业批改以及跨文化交流训练，为学生打造多元化的学习环境。此外，通过与大数据和人工智能技术结合，这些教学工具能够实时分析学习数据，生成动态学习计划，帮助学生实现学习目标。

未来，智能教育技术的发展充满了机遇，但也面临诸多挑战。技术复杂性和成本问题是首要难题。智能教育技术的研发和应用需要大量资金投入，降低研发成本是重要任务。如果无法解决这一问题，可能会进一步加剧教育资源分配的不平等。构建开放式教育资源和开发技术共享机制，将是应对这一挑战的重要策略。

信息伦理教育也是未来需要重点关注的领域。随着智能教育技术的广泛应用，算法偏见、隐私泄露和过度依赖技术等问题可能对学生的学习体验和教育公平性造成负面影响。为此，需要制定明确的伦理准则和法律法规，规范技术的开发与应用。

另一个潜在挑战是技术更新速度过快与教育发展的稳定性之间的矛盾。教育作为一个长期积累的系统性过程，常常需要稳定的教学目标和方法。智能教育技术的快速迭代可能导致学校和教师难以适应新技术带来的变化，从而影响教学效果。为应对这一问题，需要建立持续的教师培训体系和技术支持体系，帮助教育工作者快速掌握新技术。

未来，智能教育技术的发展还将面临多元文化背景的问题和语言适应性的问题。智能教育技术需要满足有着不同文化背景和语言背景的学生的学习需求。这不仅需要技术开发者在技术层面不断创新，还需要政策制定者制定促进文化包容性和开放性的相关政策。

尽管存在诸多挑战，智能教育技术的未来发展仍然令人充满期待。未来的智能教育技术将不仅仅是对传统教育模式的补充，而是将以全新形式重塑教育生态，为学生提供更加公平、高效和多样化的学习体验。通过对创新热点的把握和对潜在挑战的积极应对，智能教育技术将在未来的教育发展中扮演更为重要的角色。

二、人工智能赋能教育技术的潜在影响

人工智能赋能教育技术正在改变传统教育模式的方方面面，并将对未来产生深远的潜在影响。这些影响不仅体现在学习方式的优化和教育资源的再分配上，还包括对教育公平、学生能力发展以及社会整体知识结构的重塑。在未来，人工智能赋能教育技术将深刻影响教育的核心价值和运行机制，为培养适应新时代需求的高素质人才奠定基础。

人工智能赋能教育技术最显著的潜在影响之一是对学习方式的颠覆性改变。通过高度个性化的学习路径设计和动态反馈机制，人工智能技术将帮助学生根据自己的能力、兴趣和学习进度，灵活选择适合的学习内容。在未来，人工智能系统将进一步融合多模态数据分析和情感识别技术，实时了解学生的情绪状态、学习动力和理解能力，从而为学生提供更加精准的支持和建议。这种交互式的深度学习方式使得学习不再是被动接受知识，而是主动探索和实践。

人工智能赋能教育技术还将对教育资源的分配和使用方式产生深远影响。在传统教育体系中，优质教育资源的分布往往受到地理位置和经济条件的影响。未来，通过人工智能技术构建的开放式教育平台可以实现资源的全球共享，不同地区的学生都能够接触到一流的课程和教学资源。这种教育资源的

共享不仅将打破教育鸿沟，还将推动全球教育水平的整体提升。

未来，教育系统将更加注重培养学生的创新能力、批判性思维能力和解决复杂问题的能力，人工智能技术在这一培养过程中扮演着至关重要的角色。通过虚拟现实和增强现实技术，学生可以在模拟的真实环境中参与复杂任务的实践，进行多学科知识的交叉应用。同时，人工智能技术还能够帮助学生识别自身的能力短板，提供针对性的学习方案帮助学生提升学习效果。这种数据驱动的能力培养模式将极大地增强学生在未来社会中的竞争力。

尽管人工智能赋能教育技术带来的潜在影响令人期待，但这些影响也伴随着一定的社会风险和伦理挑战。例如，随着技术的发展，如何在保证数据隐私安全的前提下高效利用学生数据，以及如何避免算法偏见对教育公平的影响，成为亟待解决的问题。此外，对技术的过度依赖可能导致师生关系的疏远和人文关怀的缺失，如何平衡技术应用与教育核心价值之间的关系也将成为未来教育发展中需要考虑的重要议题。总体而言，人工智能赋能教育技术将深刻改变传统教育的运行模式，为教育领域的创新性发展提供无限可能。这些技术不仅将改善学生的学习体验、优化教育资源的配置，还将在教育公平、能力培养和教育管理模式等方面带来积极的变革。

三、技术发展对信息素养教育的改变

技术的迅猛发展为信息素养教育的发展提供了前所未有的机遇。在人工智能技术、大数据技术、虚拟现实等技术的推动下，信息素养教育的内涵与实践方式正发生深刻变化。这些变化为教育者、技术开发者和政策制定者带来了重要启示。

在传统教育模式中，课程内容通常由教育机构设定，更新周期较长，难以紧跟时代需求。未来的技术赋能信息素养教育将打破这一限制，通过人工智能技术驱动的动态规划，使课程内容能够快速适应社会技术变革和学生的个性化需求。学生能够根据自身兴趣和能力构建个性化的学习路径，更高效地掌握动态更新的知识体系。

随着信息量的指数级增长，从海量信息中快速提取、分析并应用相关信息内容成为未来教育的重要目标。智能搜索技术、语义分析工具和自然语言处理技术的发展为这一目标的实现提供了技术基础。未来的信息素养教育将更加注重培养学生的批判性思维和信息筛选能力，使学生能够在复杂的信息环境中有效辨别信息的真实性与价值，避免被错误或带有偏见的信息误导。

未来的教育将更加注重学生解决实际问题的能力。虚拟现实和增强现实技术将为信息素养教育提供更为直观的教学场景，学生可以在虚拟环境中进行实践和模拟，通过解决实际问题巩固知识。

技术发展对信息素养教育的另一个重要改变是重新定义了师生关系。传统教育模式中，教师主要承担知识传授者的角色，而在技术赋能的教育环境中，教师将更多地成为学习的引导者和促进者。通过智能化教学工具，教师能够实时获取学生的学习数据，根据数据更精准地把握教学重点，调整教学策略。在进行信息素养教育时，教师可以借助技术工具帮助学生理解信息的结构和逻辑，提高学生应用知识的能力。这种角色的转变提升了教育的效率，使教师能够更加专注于培养学生的批判性思维和创新能力。

技术的发展还揭示了信息伦理教育在信息素养教育中的重要地位。未来的信息素养教育需要将信息伦理与技术教育相结合，帮助学生理解技术应用中的信息伦理问题，并在实践中养成负责任的技术使用习惯。

传统的评价方式往往以考试成绩为主要依据，而忽视了学生能力发展的多样性和个体化特点。未来的信息素养教育将引入更多应用了数据分析功能和动态监测功能的评价工具，通过智能评估系统对学生的学习数据进行综合分析。这种评价体系不仅能够更全面地反映学生的学习成果，还能够为教师和教育机构提供精准的反馈。

技术对信息素养教育的改变还体现在跨领域合作的增多上。未来的信息素养教育需要教育机构、技术企业、研究机构和社会组织的共同参与，多方协作推动教育技术的创新与应用。人工智能技术的发展使得教育生态系统的边界更加开放，不同领域的合作将进一步打破传统教育资源的壁垒。

技术赋能的信息素养教育为未来教育的发展提供了丰富的启示。通过吸收这些启示并将其融入教育政策、教学实践和技术开发中，可以为构建更加公平、高效和可持续的教育体系奠定坚实基础。

第二节　跨领域合作与信息素养教育的融合发展

一、信息素养教育与跨学科协作融合发展的必要性

信息素养教育与跨学科协作的融合发展在未来具有重要的战略意义。随着知识体系的日益复杂化和社会需求的多样化，从单一学科出发的视角已经难以全面应对复杂问题。信息素养作为一种跨领域的核心能力，其教育目标不仅是培养学生的信息获取与应用能力，更是为其提供一种全局性思维方式和解决问题的工具，这使得信息素养教育与跨学科协作的融合成为教育改革的必然方向。未来的信息社会中，知识更新的速度将进一步加快，学科之间的界限也将更加模糊。信息素养教育需要与跨学科协作相融合，为学生提供一种多维度的学习体验，使学生能够在动态变化的知识结构中保持学习的效率。信息素养教育与跨学科协作融合的必要性体现在两个方面：一是与跨学科知识的融合有助于丰富信息素养教育的内容；二是跨学科的研究方法能够帮助学生在多元背景下形成更全面的思考能力和实践能力。这种融合不仅能够提升学生的综合素质，还能够为社会培养更加适应未来需求的创新型人才。

信息素养教育与跨学科协作的融合将进一步推动个性化学习的发展。通

过整合不同学科的资源和方法，学生能够根据自身兴趣和能力选择适合的学习内容，并将这些内容应用于实际问题的解决中。例如，科学、技术、工程和数学（STEM）教育与信息素养教育的融合，可以帮助学生理解数据分析在工程项目中的实际应用；人文学科与信息素养教育的融合可以培养学生在多元的文化背景下对信息的批判性思考能力。

信息素养教育与跨学科协作相融合还能够为解决社会重大问题提供强有力的支持。解决复杂的社会问题往往需要运用多学科知识。例如，在应对气候变化、提升公共健康水平等社会问题时，信息素养教育可以成为一个重要的桥梁，将不同学科的知识和技术整合在一起，为人们提供系统性思维能力和解决问题的能力。

跨学科协作对信息素养教育的意义还体现在方法论的创新上。传统教育模式往往以学科为单位，侧重于知识的分科传授，而跨学科协作则注重知识之间的联系。这种方法论的变化将推动信息素养教育从培养单一技能转向塑造综合能力。例如，通过在信息素养教育中融入社会学、心理学等学科的知识，可以设计出更符合学生认知规律的教育模式。这种教育模式不仅能够提升教学的针对性，还能够帮助学生更好地理解信息技术在不同学科领域中的应用情况。

信息素养教育与跨学科协作的融合不仅是教育发展的趋势，更是满足未来社会需求的必然选择。通过加强不同学科之间的协作，信息素养教育将能够在未来发挥更加重要的作用，为建设知识型社会和推动技术创新贡献力量。

二、人工智能技术与其他领域的融合实践

人工智能技术与其他领域的融合实践为信息素养教育的未来发展开辟了全新的路径。这种融合不仅扩展了人工智能技术的应用边界，还通过技术和学科的交互推动了教育模式的变革。在未来，人工智能技术将与更多领域深

度结合，进行更多创新实践，为信息素养教育注入新动能。

人工智能技术与教育的融合实践为信息素养教育提供了多样的应用场景。未来的教育将逐步摆脱单一学科教学的限制，通过人工智能技术将不同学科的知识融合在一起，构建跨学科的学习环境。同时，智能学习平台能够基于学生的学习数据，动态调整教学内容，为不同学科间的知识联系提供可视化支持。

人工智能技术与图书馆服务的结合为信息素养教育的智能化转型提供了重要契机。未来，人工智能技术驱动的图书馆服务将进一步融入教育体系，通过智能推荐、动态资源管理和个性化信息服务等功能，帮助学生提高信息获取与应用能力。例如，应用知识图谱技术可以构建多学科知识的关系网络，帮助学生高效地探索跨学科的知识资源。此外，虚拟现实和增强现实技术的应用将改变图书馆的传统使用方式，为学生提供沉浸式的知识体验平台。人工智能技术与图书馆服务的融合不仅能够提升图书馆资源的利用效率，还能扩大信息素养教育的推广范围。

在艺术与文化领域，人工智能技术的应用为信息素养教育开辟了新的可能性。未来，人工智能技术将推动艺术与信息技术的结合，通过生成性对抗网络（GAN）和计算机视觉等技术实现艺术创作的智能化。这种技术可以帮助学生在学习艺术、历史时，深入理解艺术作品的风格和内涵。在信息素养教育中应用这种多维度学习模式将有助于学生形成综合性知识网络，提升学生对文化多样性的认知和尊重。

人工智能技术与环境科学的结合也为信息素养教育提供了新的思路。通过应用人工智能技术，可以帮助学生掌握环境数据的动态变化，并将这些数据应用于环境决策模拟。例如，在学习气候变化或能源管理的过程中，学生可以使用人工智能工具对多源数据进行处理和分析，提出基于数据支持的解决方案。这种跨学科的学习实践不仅提升了学生对环境问题的理解，还强化了学生应用和综合分析数据的能力。

人工智能与社会科学的融合同样为信息素养教育带来了新视角。在社会科学研究中应用人工智能技术可以帮助研究者探索复杂的社会行为模式。这种技术可以直接应用于信息素养教育中，帮助学生学习社会行为数据的采集、分析和解读方法。例如，学生可以利用人工智能技术研究社交媒体数据，了解数字时代的社会互动模式和行为规律。这种基于社会科学与技术交叉的教育模式不仅提升了信息素养教育的深度，还为学生提供了更广阔的知识应用空间。

人工智能技术与其他领域的融合实践还为教学资源的共享与优化提供了支持。未来，人工智能驱动的资源管理平台将实现多学科教学资源的整合与动态更新，使学生能够跨越学科边界获取最新知识。例如，通过智能搜索引擎和个性化推荐系统，学生可以轻松获取与所学内容相关的多学科资源。

人工智能技术与多个领域的深度融合实践，将使得信息素养教育在未来更具创新性和适应性。这种融合不仅改变了教育的知识传授方式，还为学生提供了跨学科的学习环境，培养了学生的解决问题的能力。在技术发展的推动下，人工智能技术与其他领域的协同作用将进一步释放信息素养教育的潜能，为培养适应新时代需求的高素质人才提供坚实基础，为社会知识体系的扩展和创新奠定基础。

三、跨领域协作提升信息素养的案例分析

跨领域协作在信息素养教育的未来发展中展现出巨大的潜力，通过多个领域的协同作用，不仅可以提升教育效果，还能够激发技术创新与学科融合的无限可能。例如，某大学图书馆、计算机科学系和艺术设计学院开展了一项合作项目，利用人工智能技术创建一个沉浸式学习平台，结合虚拟现实技术，将艺术与信息技术交融。学生可以通过虚拟展厅浏览艺术作品，获取每件作品相关的多学科信息，包括艺术作品的历史背景、文化意义。通过应用

知识图谱技术，平台将这些信息以直观的方式呈现，使学生能够快速理解复杂的信息结构。这一项目的成功体现在提高了学生获取信息的效率，增强了学生的综合素养上。未来，这种形式的教育可以推广至更多领域，如与生物学或工程学相结合，为学生提供跨学科的模拟科研环境，进一步培养学生解决实际问题的能力。

另一个典型案例是一家教育科技公司与医疗机构的合作。他们开发了一套带有人工智能支持的学习系统，用于培养医学生的信息素养和数据分析能力。系统可以模拟真实的医疗情境，学生在系统中学习如何高效筛选、处理、解读患者数据，并根据数据制订治疗方案。这一系统可以帮助学生熟练掌握处理医疗数据的技能，让学生在跨学科环境中提升信息素养。跨领域协作的案例表明，技术、学科和实践的深度融合将使信息素养教育的内容和形式更加多样化和创新化。在未来，跨领域协作还可以进一步拓展影响范围。例如，在人工智能支持的文化遗产保护项目中，通过跨领域协作可以让学生学习如何将技术应用于历史数据的保存和展示中。通过跨领域协作，可以培养更多具有跨学科能力的创新型人才。

跨领域协作在信息素养教育中的应用将随着技术的进步进一步深化。这种模式通过整合多方资源与优势，可以提升学生的信息获取和应用能力，还能够推动技术、学科之间的良性互动。通过构建更多这样的合作项目，信息素养教育将在未来成为推动社会创新与进步的重要力量。

第三节　智能信息素养教育生态系统的构建

一、智能教育生态系统的理论框架

智能教育生态系统的理论框架是未来信息素养教育发展的基石。这一理论框架不仅描绘了技术、资源、方法和主体之间的关系，还为实现教育的智能化、个性化和可持续性提供了理论支持和实践指导。随着人工智能、大数据和物联网等技术的快速发展，构建一个以智能化为核心的教育生态系统成为可能，这一框架将融合技术与教育资源，优化学习环境，提升学习效果，促进教育公平。

这一生态系统的核心理念是以学生为中心，注重满足学习者的个性化需求和全面提升学习者的能力。在未来的智能教育生态系统中，学习者将不再是单纯的知识接收者，而是知识的积极探索者和应用者。智能教育生态系统通过整合人工智能技术，为学习者提供个性化的学习路径以及动态反馈和资源推荐等功能，帮助学习者充分发挥潜力。通过多维度的数据采集和实时分析，系统能够精准识别学生的学习偏好和需求，从而提高教育效率。

技术与资源的深度整合是智能教育生态系统的关键特征之一。未来，智能教育生态系统将通过云计算平台将分散的教育资源集中管理，使资源能够在不同的时间、地点被不同的设备访问。这种资源整合不仅包括传统的文献和数字资源，还包括由人工智能技术生成的动态学习内容。知识图谱技术将在资源管理中扮演重要角色。这一技术将构建起知识点之间的逻辑关系网络，帮助学习者快速找到最相关的信息。此外，在系统中引入虚拟现实和增强现实技术，可以为学习者提供更沉浸式的学习体验，从而增强学习者对知识的理解与记忆。

智能教育生态系统还需要一个以协作为核心的多主体参与机制。在这一系统中，学习者、教师、教育机构和技术开发者共同构成了一个动态的生态网络。在这一系统中，教师将从知识传授者转变为学习引导者，通过使用人工智能教学工具，更好地满足学生的个性化学习需求。同时，教育机构需要通过政策引导和资源配置支持智能教育生态系统的建设与运行。技术开发者需要不断优化人工智能工具和平台，为智能教育生态系统提供持续的技术支撑。多方主体之间的紧密协作将确保系统的高效运行，并推动教育目标的实现。

评价体系的智能化是智能教育生态系统的另一重要特征。传统的教育评价体系往往以单一的考试成绩为依据，智能教育生态系统将引入多维度的评价标准，对学生的知识掌握、实践能力和创新能力进行综合评估。基于人工智能技术的学习分析工具可以实时采集学习者的行为数据，并通过机器学习算法进行分析，生成详细的学习报告。这种动态评价体系不仅能够为教师提供科学的教学指导，还能够帮助学习者了解自身学习的进展与不足，激发学习者的学习动力。

智能教育生态系统还强调教育过程具备开放性与包容性。未来，系统将通过开放式学习平台和跨学科协作机制，打破传统教育中存在的学科和地域限制，为学习者提供更多学习机会。例如，教育机构和技术企业的合作，可以使智能教育生态系统为学生引入世界一流的教育资源，并通过多语言支持和文化适配功能促进国际化学习。这种开放性的设计将有助于提升教育的公平性，为不同文化背景的学生提供多样化的学习体验。

可持续性是智能教育生态系统的重要特性。在未来，智能教育生态系统将通过技术创新和资源优化实现长期稳定运行。例如，系统利用人工智能技术和区块链技术对教育数据进行加密和分布式存储，不仅能够提升数据的安全性，还可以实现资源的高效分配。同时，通过应用绿色技术，系统可以最大限度地减少对自然资源的消耗，为教育发展创造可持续的环境。

信息伦理和隐私保护也是智能教育生态系统不可或缺的一部分。在未来，学生学习数据被深度挖掘，系统面临的数据安全与信息伦理问题将变得更加复杂。智能教育生态系统需要通过建立透明的算法机制和明确的数据使用规则，确保学习者的数据隐私得到有效保护。

智能教育生态系统的理论框架为未来信息素养教育的发展提供了清晰的路径。这一框架通过引入技术与资源的整合、多主体协作、动态评价和可持续设计，为教育的智能化转型创造了无限可能。随着智能教育生态系统的逐步构建与完善，信息素养教育将突破传统教育模式的限制，为学习者提供更加多样化、个性化和高效的学习体验。

二、智能教育生态系统的关键要素与构建路径

构建智能教育生态系统需要明确关键要素，并通过科学的路径逐步实践。这一生态系统的核心目标是通过技术与教育的深度融合，创建一个以学习者为中心的高效协同、多元开放的学习环境，从而促进信息素养教育的全面升级。在未来，构建这一生态系统不仅需要技术驱动，还需要多方协同、资源优化和持续创新。

智能教育生态系统的关键要素之一是技术基础设施的构建与优化。在未来，人工智能、大数据、物联网和云计算等前沿技术将成为智能教育生态系统运行的核心驱动力。教育技术需要在硬件和软件层面实现全面升级。在硬件层面，系统需要通过普及智能终端设备、虚拟现实工具和高性能计算平台，为学习者提供随时随地的学习支持；软件层面的智能学习平台、数据分析工具和内容生成系统将为教育资源的动态管理和精准推荐提供技术保障。这些技术基础设施不仅能够提升教育的效率，还能够为智能教育生态系统的多元化功能提供支撑。在未来的信息社会中，知识的生产和更新速度将大幅加快，人们对具备实时性的教育资源的需求也将日益增长。智能教育生态系统需要

通过资源整合技术构建一个高度开放的知识库，以适应这些需求。知识图谱技术将在资源整合的过程中扮演重要角色。系统通过这一技术构建起信息之间的关联网络，实现资源的高效组织和智能化管理。同时，教育资源的动态更新机制将确保系统提供的内容始终具备时效性。

未来的教育生态系统将围绕学习者的需求展开，通过数据驱动的方法识别学习者的兴趣、能力和目标，并据此为学习者提供个性化的学习路径。引入人工智能技术将使个性化学习服务更加精准。

在未来，构建这一生态系统需要政府相关部门、教育机构、技术企业和社会组织的共同参与。政府作为政策制定者和资源分配者，需要在制度层面提供支持。例如，政府相关部门需要制定智能教育技术的标准和规范，推动教育资源的公平分配。教育机构则需要通过课程设计、教师培训和教学改革为智能教育生态系统提供内容支持和实践平台。技术企业可以通过技术创新为智能教育生态系统提供最新的技术工具。社会组织则需要组织公益项目和社会实践来促进智能教育的普及与公平。

智能教育生态系统的构建路径需要以教育创新为核心，通过多阶段逐步实现构建。一方面，教育机构需要开展智能化转型，从课程设计到教学方式，全面与人工智能技术和信息技术相结合。另一方面，技术企业和研究机构需要通过开展实验性项目和应用前沿技术验证智能教育生态系统的可行性。此外，跨学科合作和国际化交流也是构建智能教育生态系统的重要路径。

可持续性是构建智能教育生态系统的过程中需要特别关注的方面。未来的智能教育生态系统需要在资源利用、技术更新和社会影响方面实现长效运行。通过引入绿色技术，生态系统可以在运行过程中减少对能源和资源的消耗，实现环境友好型发展。同时，教育内容和技术的持续创新将确保智能教育生态系统始终保持活力，能够适应不断变化的社会需求。在社会层面，通过引入信息伦理制度，确保智能教育生态系统在实现教育目标的同时，遵守公平、包容、透明的基本原则，推动智能教育生态系统的可持续性发展。

明确关键要素并设计科学的路径来构建智能教育生态系统能够为未来教育的智能化转型提供坚实基础。未来，智能教育生态系统将成为知识社会的重要组成部分，推动社会的全面进步。

三、未来智能信息素养教育生态系统的蓝图

未来的智能信息素养教育生态系统将是一个高度互联、开放和以人为本的生态系统。通过应用人工智能、大数据和物联网等前沿技术，这一系统将为学习者、教育者构建知识共享模式。这一生态系统将不仅仅是传统教育模式的延伸，更是前沿技术与教育理念深度融合的创新实践。这一生态系统为信息素养教育的全面升级绘制了蓝图。

未来的智能信息素养教育生态系统将以个性化学习功能为核心驱动力。通过全面应用人工智能技术，系统能够实现对每位学习者的学习数据进行实时分析。这些数据将被整合到一个动态的学习档案中，为学习者生成高度个性化的学习资源推荐。学生将不再受限于固定的课程表和统一的教学进度，而是能够按照自己的学习节奏和需求，自由学习。

未来，图书馆将转型为知识共享中心，应用智能推荐算法和知识图谱技术整合全球范围内的教育资源，根据学习者的需求实时推送最相关的内容，这一功能将确保学习者获得的知识内容具有时效性。同时，基于云计算的资源存储与分发系统将实现资源的共享，无论学习者身处何地，都能够通过智能设备访问这些资源。这种开放性设计不仅提升了资源的利用效率，也提升了教育的公平性。

未来的智能信息素养教育生态系统将以技术为支撑，以人文为核心，打造一个融合个性化学习、智能资源管理、多维度评价和多主体协作的教育环境。这一蓝图描绘了教育的未来发展方向，为知识传播提供了新的路径。通过构建这一生态系统，信息素养教育将在未来的教育体系中发挥更加重要的作用。

结 语

本书以探讨技术与教育的深度融合为主题，希望通过全面梳理这一融合的理论基础、实践经验和未来发展方向，为图书馆在新时代的信息素养教育发展中找到切实可行的路径。随着智能化技术的快速发展，教育的边界不断被重塑，传统的信息素养教育模式已不足以满足新一代学习者的需求。本书在这样的时代背景下诞生，承载着对未来教育形式与技术创新的深切思考。在创作过程中，我深入研究了大量国内外的实践案例与前沿文献，力求将理论与实际结合，提供科学性与实用性兼备的内容。本书不是对已有知识的简单汇总，而是通过系统性地梳理与分析研究资料，探索人工智能如何为信息素养教育赋能。这一过程充满了挑战，让我对信息素养教育在新时代的使命与潜力有了更深刻的认识。从选题到最终定稿，我始终秉持精益求精的态度，力求每一章的内容逻辑严密、观点清晰，为读者提供具有启发性的阅读体验。

全书构建了一个从理论基础到实践应用，再到未来展望的完整的论述框架。在理论层面，本书首先探讨了人工智能与信息素养教育的结合点，从技术特性到教育场景，分析了人工智能技术对传统教育模式的变革潜力。通过剖析人工智能技术在图书馆服务中的应用，本书明确了人工智能技术赋能信息素养教育的现实意义。接着，本书从图书馆信息素养教育的智能化实践入手，详细梳理了智能搜索技术、个性化学习路径、资源整合与动态更新等多个技术的具体应用，为信息素养教育的模式创新提供了丰富的案例支持。

在技术实践部分，本书不仅聚焦于人工智能技术在当前的应用，还通过案例分析揭示了实践背后的经验与教训。本书通过深入探讨智慧图书馆服务的创新实践与技术实现路径，展示了图书馆如何从传统的知识存储中心转型为动态的学习支持平台。书中提出了基于数据分析与人工智能算法的智能化教育评价模型，展现了未来教育效果评估的科学性和精准性。与此同时，本书也深入讨论了伦理与数据隐私问题，为构建负责任的教育技术应用环境提出了具有前瞻性的解决方案。

展望未来，智能化、个性化与全球化将成为信息素养教育生态系统发展的重要趋势。人工智能技术将进一步融入教育全过程，为学习者提供更加动态和精准的支持。同时，教育资源的开放性与共享性将进一步增强，使教育资源突破地域和文化的限制，让更多人享受到优质的教育资源。在这种背景下，图书馆的信息素养教育功能将得到进一步扩展，成为社会知识传播与推广教育公平的重要支柱。未来的教育形态是技术驱动的，也是具备人文关怀的。如何在技术与人文关怀之间找到平衡，如何在数据驱动的教育环境中保持学习者的主体性，将是值得持续关注的课题。这些议题将成为未来智能信息素养教育生态系统构建的重要组成部分。

在本书完成之际，我深感人工智能赋能教育这一议题的复杂性。尽管本书在内容架构和案例分析上力求全面，但人工智能是一个快速发展的领域，本书所探讨的部分问题可能会因技术的进一步发展而需要重新审视。希望这本书不仅是一份阶段性的研究总结，还能成为启发后续研究与实践的起点。感谢所有为本书贡献智慧和力量的同人，也感谢读者的关注与支持。未来，我期待与更多研究者、实践者共同探索人工智能与信息素养教育相融合的无限可能，为构建更加智能、更加包容的教育环境而不断努力。愿本书能够成为连接技术与教育的重要桥梁，为信息素养教育的发展开辟新的视野。